国宏智库丛书（2018）

旅游景区收费体制研究

刘　强　等著

中国计划出版社

图书在版编目（CIP）数据

旅游景区收费体制研究 / 刘强等著. -- 北京 : 中国计划出版社，2019.5
（国宏智库丛书. 2018）
ISBN 978-7-5182-0975-0

Ⅰ. ①旅… Ⅱ. ①刘… Ⅲ. ①旅游点一收费制度一研究一中国 Ⅳ. ①F592.6

中国版本图书馆CIP数据核字(2019)第097602号

国宏智库丛书（2018）
旅游景区收费体制研究
刘 强 等著

中国计划出版社出版
网址：www.jhpress.com
地址：北京市西城区木樨地北里甲11号国宏大厦C座3层
邮政编码：100038 电话：(010) 63906433（发行部）
新华书店经销
北京虎彩文化传播有限公司印刷

787mm×1092mm 1/16 12印张 192千字
2019年5月第1版 2019年5月第1次印刷

ISBN 978-7-5182-0975-0
定价：46.00元

本书课题组成员

课题负责人：刘　强

课题组成员：王　磊　周　适　荣　晨　徐　鹏

郭　琎　马仪亮　刘晓鸥　王慧颖

段琪斐

总　　序

自1999年以来，中国宏观经济研究院每年都从课题研究中，选出一些为社会各界比较关注的优秀成果，结集为《中国宏观经济丛书》公开出版。2015年入选首批国家高端智库试点单位以来，中国宏观经济研究院进一步加强智库建设，连续几年在全国智库排名中位列前几名，其中，2016年在部委直属事业单位智库系统影响力排名中位居第一。为进一步加大对中国宏观经济研究院优秀研究成果的宣传力度，持续扩大中国宏观经济研究院的学术影响力、决策影响力、社会影响力和国际影响力，中国宏观经济研究院进一步整合院内优秀研究成果，集中打造《国宏智库丛书》品牌，加强与同行的学术交流，更好地为经济管理部门、科研机构和社会各界提供服务。

《国宏智库丛书》（2018）是中国宏观经济研究院优秀课题研究成果的集合，包括全面建成小康社会解难题补短板、完善房地产市场调控政策、振兴实体经济壮大制造业的政策措施、旅游景区收费体制、我国竞争政策实施的思路与路径、推动交通运输与经济社会融合发展、保障和改善民生以及收入分配问题等主题。

由于水平所限，丛书内容难免有不足之处，我们诚恳期待社会各界进行批评指正，以帮助我们不断提高研究水平和丛书质量。

中国宏观经济研究院

《国宏智库丛书》编委会

2018年10月

前　言

随着国内服务业转型升级和旅游需求持续升温，旅游景区门票及相关服务价格不仅成为社会各界关注的热点，也是政府宏观价格管理的重点和难点。在经济发展进入新常态和旅游供给侧结构性改革加快推进的背景下，依托公共资源建设的旅游景区成为我国旅游业发展的核心吸引物，是建设美丽中国、满足人民日益增长的美好生活需要的重要载体和鲜明体现。

当前，景区门票价格存在水平偏高、涨幅偏快、形成机制不完善等问题，现行的旅游景区收费体制和门票价格管理政策不适应旅游业发展新要求，在很大程度上制约了旅游业的转型发展。旅游景区具有较强的外部性、区域垄断性、公共产品特性以及公益性和非营利性，在经济转型的体制背景下，其收费体制的形成和发展在历史沿革和政策体系上明显区别于普通竞争性产品，涉及的产权制度、市场供求、成本构成、景区性质、景区等级、价格管理政策等宏观和微观层面的因素将对旅游景区收费体制和旅游产业发展产生重要影响。

本书从界定公共景区特别是遗产类景区的概念内涵与类型分级入手，分析了我国公共景区门票价格的基本情况，梳理了旅游景区收费体制和政策体系的缘起沿革与轨迹流变，深入分析了公共景区收费体制的现实问题和改革困境，通过与国内知名旅游研究机构和携程网等专业网站合作，在专项问卷调查和海量游客消费数据的支持下，在准公共产品定价原理和影响因素分析的基础上，系统阐释了公共景区门票价格波动的市场结构、运行机理和调控规律，建立了涵盖产权约束、成本分摊和政策规范三方因素的多层次分析框架，改变了传统分析视角“碎片化”的倾向，在分析论证地方政府、中介机构和消费者等不同利益主体行为逻辑的基础上，探讨基于经济发展阶段和公共财力保障能力下，公共景区门票价格由基于经济目标的定价模式向基于社会目标的定价模式转变的现实性和必要性。

我们认为，旅游景区门票价格变化属于微观层面的市场反映，但绕不开产权制度约束和公共财政结构优化等宏观层面问题，一些旅游产业依赖型的特殊地区也需要通过提升全域旅游效能等综合举措来逐步实现景区的"去门票化"。旅游景区收费体制改革的总体思路是：着力推进旅游供给侧改革，紧紧围绕使市场在资源配置中起决定性作用和更好发挥政府作用，坚持保护和开发并重，秉持遗产资源管理突出公益性质的基本理念，逐步建立具有事业性、公益服务性、非营利性的旅游景区管理制度，打造中国版的国家公园体系，用"制度倒逼"的办法加快景区保护开发的"去门票化"，加快构建以全民公益性为导向、以公共财政为保障的新型旅游景区收费体制。

本书的主要内容源于中国宏观经济研究院2017年度重点研究课题《旅游景区收费体制研究》。课题在中期评估和期末结项中，有幸得到了中国宏观经济研究院原副院长白和金、投资所所长张长春、能源所所长韩先科、国土所所长肖金成和院科研管理部主任高国力等领导专家的指导和评审，在各方面关心帮助和支持下，顺利实现了"掰开揉碎、小题大做"的研究初衷。刘强负责课题总体设计与专题分工，并在课题研究成果的基础上按照新的框架整理归并了重复内容编辑成此书，市场与价格研究所的王磊、周适副研究员、荣晨博士，中国旅游研究院的马仪亮副研究员、王慧颖博士，中国人民大学的刘晓鸥教授、段琪斐博士等根据分工参加了课题调研或提供部分章节内容，为本书的形成作出了重要贡献。在成书过程中，查阅和参考了大量研究成果和学者资料，在此一并表示感谢。由于作者研究水平有限，书中难免有不当之处，恳请学术同仁批评指正。

《旅游景区收费体制研究》课题组

2019年1月

目　录

第一章　旅游景区收费体制现状与运行机制 …………………………… 1
第一节　旅游景区收费体制的基本情况 …………………………… 1
一、引言 …………………………………………………………… 1
二、旅游景区及其门票价格的基本特征 …………………………… 2
三、旅游景区（遗产类）门票定价的敏感性分析 ………………… 8
第二节　旅游景区门票价格形成机制与影响因素 ………………… 13
一、旅游景区门票价格的属性 …………………………………… 13
二、影响旅游景区门票价格形成的主要因素 …………………… 14
第三节　旅游景区门票定价方法和波动机理 ……………………… 18
一、旅游景区门票定价原理与主要方法 ………………………… 18
二、旅游景区门票价格波动传导的运行机理 …………………… 20

第二章　旅游景区收费的理论基础和分析框架 ……………………… 23
第一节　研究范围界定与特征 ……………………………………… 23
一、研究范围界定 ………………………………………………… 23
二、旅游景区收费的经济学分析 ………………………………… 24
第二节　旅游景区收费体制的相关理论体系和学科基础 ………… 27
一、制度经济学与公共选择理论 ………………………………… 27
二、公共财政与预算理论 ………………………………………… 28
三、规制经济学理论 ……………………………………………… 31

四、资源环境经济学理论 …………………………………………………………… 32
第三节　旅游景区收费体制的分析框架与应用 ………………………… 33
一、旅游景区收费体制的分析框架 ……………………………………… 33
二、基于分析框架的制度释义与应用逻辑 ……………………………… 35

第三章　旅游景区收费体制研究综述 ………………………………… 42

第一节　旅游景区概念及门票价格性质研究 ………………………… 42
一、旅游景区的定义及分类 ………………………………………………… 42
二、旅游景区门票价格的性质 ……………………………………………… 43
第二节　旅游景区收费价格形成机制研究 …………………………… 44
一、旅游景区门票价格影响因素研究 …………………………………… 44
二、旅游景区收费定价模型研究 …………………………………………… 47
三、旅游景区收费定价主要方法研究 …………………………………… 48
四、旅游景区门票价格形成机制及优化研究 ………………………… 52
第三节　旅游景区门票价格高涨的成因及对策研究 ……………… 53
一、旅游景区门票价格上涨的成因研究 ……………………………… 53
二、旅游景区门票价格管理的对策研究 ……………………………… 54
第四节　旅游景区收费体制相关问题研究 …………………………… 55
一、旅游景区所有权与产权研究 …………………………………………… 55
二、旅游景区经营权与经营模式 …………………………………………… 56
三、旅游景区管理体制研究 ………………………………………………… 56
四、旅游景区门票价格监管研究 …………………………………………… 57
五、研究评述及展望 ………………………………………………………… 57

第四章　旅游景区收费体制的历史变迁和深层矛盾 ……………… 59

第一节　旅游景区收费体制的沿革变迁和政策体系 ……………… 59

一、旅游收费的渊源考证 …… 59
二、我国旅游景区收费体制的沿革与变迁 …… 60
三、旅游景区门票价格政策体系 …… 62
第二节　旅游景区收费体制存在的主要问题及成因 …… 63
一、旅游景区收费体制存在的主要问题 …… 63
二、旅游景区收费问题的制度性成因 …… 65
第三节　旅游景区收费体制的深层矛盾和难题 …… 68
一、基于全民利益的公共景区指导思想和功能定位没有真正树立 …… 68
二、公共景区收费面临多目标约束下的选择困境 …… 69
三、公共景区收费体制受到市场利益驱动与财政补偿不足的双重影响 …… 69
四、部分景区门票价格信号失真或紊乱 …… 70
五、经济结构单一导致的门票经济困境与公益性目标的内在冲突 …… 70

第五章　旅游景区收费的国际经验与启示 …… 72

第一节　各国旅游景区的收费体制与主要做法 …… 72
一、美国旅游景区的收费体制 …… 72
二、法国旅游景区的收费体制 …… 75
三、意大利旅游景区的收费体制 …… 78
四、日本旅游景区的收费体制 …… 79
第二节　旅游景区门票价格管理的对比研究 …… 81
一、旅游景区门票价格占人均 GDP 比重 …… 81
二、旅游景区门票价格占人均月收入比重 …… 82
三、旅游景区资金来源 …… 83
四、旅游景区门票价格调控灵活度 …… 83
第三节　旅游景区收费体制的政策启示 …… 84
一、理顺管理体制，实行管理权与经营权分离 …… 85

二、强化景区社会效益，扩大政策减免覆盖面 …………………… 85
三、实现资金来源多元化，建立健全资金监管机制 ……………… 86
四、建立科学合理的景区门票价格体系，强化价格监管 ………… 86
五、加快旅游业结构调整，实现经济效益 ………………………… 87

第六章　我国世界遗产景区收费合理性分析 ………………………… 88

第一节　世界遗产景区门票价格影响因素的实证分析 ……………… 88
一、引言………………………………………………………………… 88
二、世界遗产景区门票价格影响因素的实证分析 ………………… 90
第二节　世界遗产景区门票定价合理性分析 ………………………… 106
一、世界遗产景区门票价格数学模型构建 ………………………… 106
二、世界文化遗产景区门票定价分析 ……………………………… 110
三、世界自然遗产景区门票定价比较 ……………………………… 112
四、研究总结 ………………………………………………………… 114

第七章　旅游景区收费体制改革的基本思路 ………………………… 115

第一节　旅游景区收费体制面临的新形势和模式选择 ……………… 115
一、国内外旅游业发展和收费体制的新形势 ……………………… 115
二、面向未来的旅游景区收费模式选择 …………………………… 116
第二节　完善旅游景区收费体制的思路与建议 ……………………… 119
一、改革方向与基本思路 …………………………………………… 119
二、完善旅游景区收费体制改革的政策建议 ……………………… 122

第八章　旅游景区收费的调查报告与案例研究 ……………………… 126

第一节　东部地区典型景区收费体制调研情况 ……………………… 126

一、杭州市西湖景区管理体制的主要做法 …………………………… 127
二、西湖模式在发展中的新难题…………………………………… 129
三、西湖模式的政策启示和对策建议 …………………………… 130
第二节　中部地区典型景区收费体制调研情况 ……………………… 132
一、旅游景区价格管理取得新的进展……………………………… 132
二、旅游景区价格管理的难题与困境……………………………… 134
三、完善经济欠发达地区旅游景区价格管理的对策建议 ………… 138
第三节　文物保护型景区门票价格管理的现状与对策 …………… 140
一、某省直属文物保护型景区门票价格管理概况 ………………… 141
二、文物保护型景区门票价格管理面临的主要问题 ……………… 141
三、完善文物保护型景区门票价格管理的对策建议 ……………… 143

参考文献 …………………………………………………………………… 145

附录　旅游景区收费的文件汇编 ……………………………………… 153

第一章 旅游景区收费体制现状与运行机制

内容提要 在对旅游景区的概念与类型界定基础上，用某专业旅游网站的用户数据测算了我国40个遗产类景区门票的合理性和敏感性，影响门票价格形成的主要因素既有景区作为准公共产品特有的基本属性在成本分摊与定价机制上的特定微观因素，也有行业特征、产权结构和经营管理方式等供求方面的中观层次因素，还有经济发展水平、政策环境和市场结构等宏观层面因素。由于地域和区位的自然差别，不同景区之间在门票价格体系的影响力和政策传导性方面存在着明显的差异性，高等级景区在市场体系中具有权威性和导向性。

第一节 旅游景区收费体制的基本情况

一、引言

旅游景区是旅游业的核心要素，是实现“将旅游业培育成战略性支柱产业和人民满意的服务业”战略目标的重要着力点。在旅游景区及旅游产业快速发展的同时，旅游景区门票及相关服务价格（以下统称门票价格）成为社会关注的热点。一方面，理论上，由于旅游景区类型多样、数量众多以及区域差异，社会各界对景区门票价格的性质及其在旅游景区和旅游业发展过程中的作用仍存在较大争议。另一方面，实践中，由于旅游景区收费体制不健全，旅游景区发展还不能适应新发展理念的要求，景区涨价幅度过大、频次较多，过度注重景区开发的经济利益，忽略了景区保护和公益性要求，引起社会各界广泛关注。

作为调节旅游业经济利益最重要的制度安排，旅游景区收费体制主要包含旅游景区门票价格形成机制和价格管理体制两方面内容。党的十八届三中全会以来，我国旅游景区收费体制和政策环境出现了一系列新变化，主要表现：一是新出台的《旅游法》为旅游景区价格管理提供了新的法律依据，对旅游景区门票价格管理，特别是依托公共资源建设的旅游景区的门票价格管理提出了原则性规定；二是中发〔2015〕28 号文件及国务院先后出台促进旅游业发展的多个政策文件，都明确提出分类改革旅游景区门票及相关服务价格形成机制、重构旅游景区收费体制的要求。

随着我国市场化进程的深化，依托社会资源建设的旅游景区门票及相关服务价格普遍实行了市场调节价，政府不再对价格进行过多过细的干预；而依托风景名胜区、自然保护区、文物保护单位等国有或集体所有的公共资源建设的旅游景区依然实行政府定价或政府指导价，它们是政府价格管理的重点和难点。旅游经济发展新形势新要求下，我国应该如何在正确的目标引导和现实条件约束下，完善数量庞大、品质不一、管理不同、经营有别的依托公共资源建设的旅游景区的收费体制，是一个复杂且富有争议、需要在理论技术方法和改革实践经验上进行深入探讨研究的重大问题。

二、旅游景区及其门票价格的基本特征

（一）旅游景区的概念界定及类型

旅游景区作为旅游业发展的核心载体，其概念已基本形成共识，学界和管理部门通常采用《旅游景区质量等级的划分与评定》（GB/T 17775—2003）对旅游景区的定义，即旅游景区是以旅游及其相关活动为主要功能或主要功能之一的空间或地域；它是指具有参观游览、休闲度假、康乐健身等功能，具备相应旅游服务设施并提供相应旅游服务的独立管理区；该管理区应有统一的经营管理机构和明确的地域范围；包括风景区、文博院馆、寺庙观堂、旅游度假区、自然保护区、主题公园、森林公园、地质公园、游乐园、动物园、植物园及工业、农业、经贸、科教、军事、体育、文化艺术等各类旅游景区。

这一概念反映了旅游景区的几个主要内涵特征：其一，景区不仅拥有旅游观光休闲的功能，还应该具备文化教育、科学研究、美学鉴赏、经济开发等多

种功能；其二，拥有对旅游者具有吸引力、能够满足旅游者旅游体验的核心旅游资源；其三，有专门的机构对其进行管理并且划定明确的区域范围。

在明确旅游景区内涵的基础上，我们进一步得到依托公共资源建设的旅游景区的定义，即指依托国家或集体所有的公共旅游资源，具有明确公益性质和遗产保护要求，提供旅游者参观游览、娱乐休闲、康体健身、科学考察、文化教育等活动，有相应旅游服务设施，并有独立管理区域的旅游景区（本书研究的对象），主要包括世界遗产、风景名胜区、自然保护区、文物保护单位、森林公园、海洋公园、地质公园、历史文化名城等（见图 1-1），这些景区分属或兼属于国家风景名胜区、国家自然保护区、国家森林公园、国家地质公园、国家沙漠公园、国家湿地公园、国家海洋公园、国家文物文化保护系统、国家水利风景区等多个交叉体系内（见表 1-1）。[①] 其中，国家级旅游景区包括国家自然保护区 446 个，国家风景名胜区 225 个，国家森林公园 826 个，国家地质公园 240 个，国家水利风景区 719 个，全国重点文物保护单位 4296 个，国家湿地公园 705 个，国家沙漠公园 55 个，国家海洋公园 42 个，这些国家级景区列入《世界遗产名录》的自然文化遗产地共 50 个。

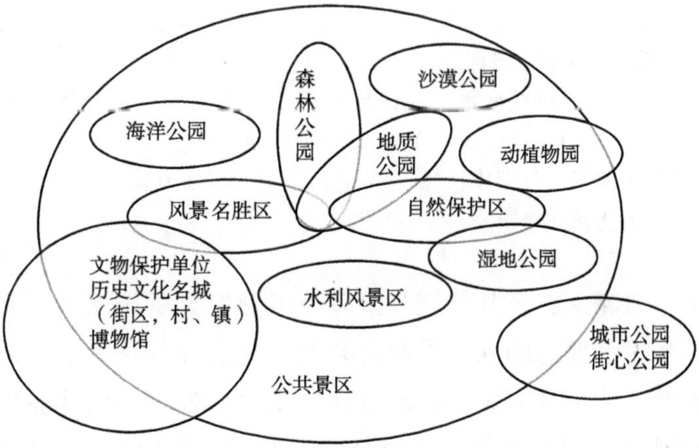

图 1-1　公共景区的主要构成

资料来源：课题组总结。

① 国家文物文化保护系统包括文物保护单位、国有博物馆、历史文化名城、历史文化名（镇）村和历史文化街区。

表 1-1　我国现有公共景区概况

序号	类型	主管部门	总数量（个）	国家级数量（个）	起始时间
1	自然保护区	环保总局	2740	446	1956
2	风景名胜区	住建部	962	225	1982
3	森林公园	国家林业局	3234	826	1982
4	地质公园	国土资源部	485	240	2001
5	湿地公园	国家林业局	979	705	2005
6	水利风景区	国家水利局	2500	719	2001
7	沙漠公园	国家林业局	55	55	2013
8	海洋公园	国家海洋局	42	42	2011
9	文物保护单位	国家文物局	—	4296（全国重点）	1961
10	博物馆	国家文物局	4692	3582（国有）	1961
11	历史文化名城	国家文物局	131	131	1982
12	历史文化名镇村	国家文物局	528	528	2003
13	历史文化街区	国家文物局	30	30	2015

资料来源：国家文物局、住建部、文化部、国家水利局、国家海洋局、国土资源部、国家林业局等政府职能部门网站。

注：①部分自然保护区、湿地公园、地质遗迹保护区或者文物保护单位等还不能或目前还没有成为旅游景区。

②序号 1—7：统计数量截至 2016 年 6 月；序号 9—10：统计数量截至 2015 年年底；序号 8、11—13：统计数量截至 2017 年 6 月。

③705 处国家湿地公园中，52 处为正式授予，其余为试点；55 处国家沙漠公园中，9 处为正式授予。

从概念和内涵上，公共景区与国际上成熟定型的国家公园是基本一致的。特别是在很多发达国家，国家公园的理念已经升华为维系历史文化传统的最优选择。美国是国家公园制度建立最早、发展最为完备的国家，世界上第一个国家公园——黄石国家公园诞生于 1872 年，当时美国国会划出了一百万余公顷的土地，将其作为“供人们娱乐和享受的公立公园或欢乐场所”。这种旨在保护自然环境的发展理念随后逐渐蔓延到一百多个国家。美国的国家公园体系包括国家范围内的各种自然和文化资源，有将近 400 个单位，分别被命名为国家公园、国家纪念地、国家保护区、国家湖滨、国家海滨、荒野与景观河流、小径、历史遗址、军事公园、战争遗址、历史公园、娱乐区、纪念馆和景观大道，都代表美国自然或文化遗产对国家的重要性。

在国家公园涵盖的对象范围上，美国国家公园管理局与业内专家、学者和科学家基于《美国联邦法规》第36编第65部分中包含的国家历史地标相关标准，通过磋商评估，以判定某项资源是否纳入国家公园体系。只有满足以下所有标准时，才能认定某片区域在国家层面上具有重要性：一是某一特定杰出类型的杰出范例；二是对展示和阐述国家遗产的自然或文化主题具有突出的价值和品质；三是为公共游憩或科学研究提供了极好的机会；四是一种资源真实、准确且未遭受破坏的范例，并且保持了高度的完整性。

（二）旅游景区门票价格变动的基本态势

1. 旅游业发展与消费、经济增长的相互关系

“十二五”以来，我国旅游景区成长迅速，带动旅游业快速发展，是新常态下驱动我国经济增长的新动能。截至2016年底，全国共接待游客45.62亿人次，实现旅游收入4.79万亿元，旅游业对GDP的综合贡献率达到11.01%，是我国经济重要的新增长点（国家旅游局，2017）。

图1-2报告了2011—2016年国内旅游收入实际增长率、居民消费实际增长率和实际GDP增长率的变化情况。可以看出，自2011年以来，尽管国内旅游收入实际增长速度有所放缓，但依然保持在一个较高水平。2011年，我国国内旅游收入实际增长率一度高达47.8%，但在2012年大幅下降至15.6%，之后几年国内旅游收入实际增长率的变化相对平稳，2013—2016年的数值分别为11.3%、9.9%、13.4%和15.2%。与此同时，国内旅游收入实际增速要明显高于实际GDP的增长速度和居民消费的实际增长速度。2011—2016年，我国国内旅游收入平均实际增长率为18.9%，而同期的平均实际GDP增长率和平均居民消费实际增长率分别仅为7.7%和9.5%。

根据国家文化和旅游部数据，2018年，全国旅游接待量超55亿人次，其中，国内旅游人数达到55.39亿人次，同比增长10.8%，国内旅游收入5.13万亿元，同比增长12.3%；入境旅游人数1.412亿人次，同比增长

1.2%。总体看，我国旅游业仍将保持良好发展势头。

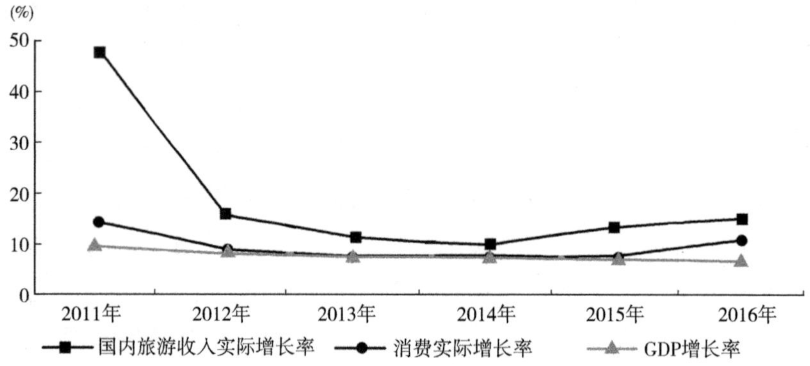

图 1-2　2011—2016 年我国旅游收入、消费、GDP 的增长情况

数据来源：根据国家统计局、国家旅游局统计数据计算。

注：国内旅游收入实际增长率和居民消费实际增长率分别指消除价格因素后的真实增长率，其中国内旅游实际收入通过旅游类居民消费价格指数折算得到，而居民消费实际水平则是通过居民消费价格指数折算得到。

2. 旅游景区门票价格总体水平和相对变化

从景区等级结构来看，2015 年，全国 A 级景区数量呈“中间大、两头小”的纺锤形结构，4A 级、3A 级和 2A 级景区数量占所有 A 级旅游景区总量的 96.16%。5A 级和 1A 级所占比重较小，低于总量的 4.00%。其中，3A 级景区数量最多，为 3018 家，占全国 A 级景区总量的 37.96%；其次是 4A 级和 2A 级旅游景区，分别为 2580 家和 2047 家，占比分别为 32.45%和 25.75%；5A 级和 1A 级旅游景区数量相对较少，分别为 212 家和 94 家，占比分别为 2.67%和 1.18%。

从景区类型来看，2015 年全国 A 级景区以自然景观类景区数量最多，共 2295 家，占全国 A 级景区总数的 28.86%；其次是历史文化和度假休闲类景区，分别为 1484 家和 1324 家，占比分别为 18.66%和 16.65%；乡村旅游、博物馆、其他、红色旅游、主题游乐、工业旅游类景区相对较少，分别为 705 家、581 家、586 家、382 家、317 家和 184 家，占比分别为 8.87%、7.31%、7.37%、4.80%、3.99%和 2.31%，科技教育类景区最少，为 93 家，占比仅为 1.17%。

从全部景区门票价格而言，2015 年，全国共有 4573 家 A 级景区收门票，其中，1073 家景区区分淡旺季票价，全国 A 级景区全年平均门票价格为 31 元，与上年持平，淡旺季平均门票价格分别为 29 元和 33 元。

就分等级 A 级景区全年平均门票价格而言，5A 级景区最高，为 118 元，其次是4A 级和3A 级景区，分别为51 元和21 元，2A 级和1A 级景区相对较低，分别为 10 元和 7 元。淡旺季平均门票价格同样也以 5A 级景区最高，分别为 112 元和 126 元，其次是 4A 级景区，分别为 48 元和 55 元，1A 级景区淡旺季平均门票价格最低，分别为 6 元和 7 元（见图 1-3）。

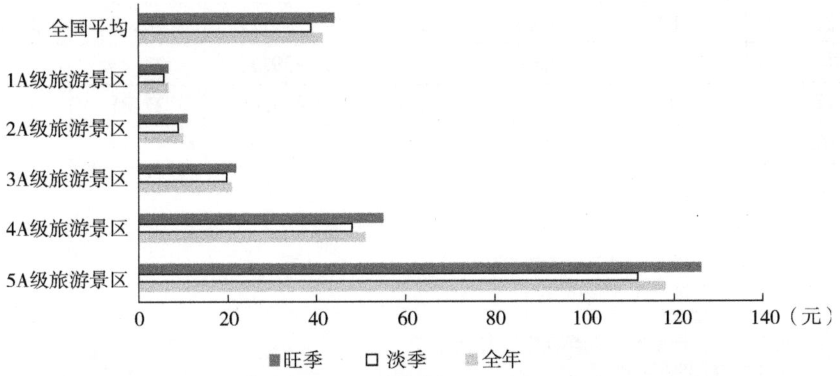

图 1-3 2015 年全国 A 级旅游景区分等级平均门票价格

资料来源：宁志中等著（2017）。

就不同类型 A 级景区全年平均门票价格而言，主题游乐类景区最高，为 69 元，其次是自然景观类和度假休闲类景区，分别为 40 元和 36 元，科技教育、历史文化、其他、乡村旅游、工业旅游和博物馆六类景区平均门票价格相对较低，分别为 28 元、27 元、22 元、18 元、15 元和 14 元，红色旅游类景区平均门票价格最低，为 8 元。淡旺季平均门票价格同样也以主题游乐类景区最高，分别为 65 元和 73 元；其次是自然景观类景区，分别为 37 元和 42 元；度假休闲类景区名列第三，分别为 33 元和 39 元；红色旅游类景区最低，分别为 8 元和 9 元（见表 1-2、图 1-4）。

表 1-2　2014—2015 年全国 A 级景区分类型人均门票负担统计表

景区分类	2014 年		2015 年			
	所有游客（元）	购票游客（元）	所有游客（元）	增长率（%）	购票游客（元）	增长率（%）
自然景观	29.61	39.83	28.45	-3.92	44.68	12.18
主题游乐	16.83	24.98	53.77	219.49	74.58	198.56
乡村旅游	22.6	36.49	10.37	-54.12	23.68	-35.11
历史文化	68.89	87.11	15.54	-77.44	27.25	-68.72
科技教育	11.28	35.81	12.39	9.84	26.96	-24.71
红色旅游	10.88	22.78	3.66	-66.36	12.38	-45.65
工业旅游	6.86	22.24	4.27	-37.76	13.26	-40.38
度假休闲	3.84	15.63	23.8	519.79	42.5	171.91
博物馆	17.08	29.89	10.39	-39.17	27.33	-8.56
其他	25.03	40.44	13.66	-45.43	27.81	-31.23
全国平均	23.7	37.3	21.21	-10.51	38.12	2.20

资料来源：同图 1-3。

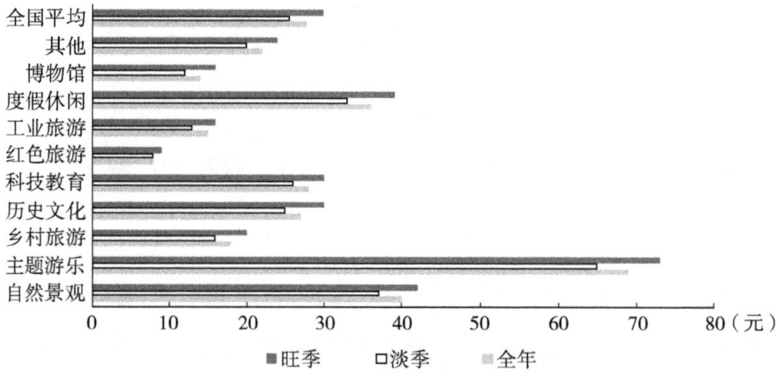

图 1-4　2015 年全国 A 级旅游景区分类型平均门票价格

资料来源：同图 1-3。

三、旅游景区（遗产类）门票定价的敏感性分析

世界遗产景区是最具有代表性、影响力和公益性的公共景区，是全人类共同继承和拥有的具有“突出的普遍价值”的共同财富。我国自 1985

年 12 月 12 日加入《保护世界文化与自然遗产公约》的缔约国行列以来，经联合国教科文组织审核被批准列入《世界遗产名录》的中国世界遗产共有 50 处①，其中世界文化遗产 35 处、世界文化与自然双重遗产 4 处、世界自然遗产 11 处，世界遗产名录国家排名第 2 位，其中绝大部分已成为重要的旅游资源和热门旅游目的地。

景区门票价格的实证分析是旅游景区研究的热点之一，但传统景区门票价格实证研究的难点在于无法解决不同景区之间的异质性问题，比如，山岳型景区与海岛型景区的差别特征非常显著；已有的许多实证研究不能充分满足数据样本的真实、细致和充分要求，局限于实证方法的技术缺陷，实证分析结论的解释力和权威性不强，科学性也有待进一步提高。围绕数据的实用性和技术路线的创新性等方面，本课题创新了实证分析的技术路线，利用大数据技术，深入挖掘海量旅游数据，并运用离散型随机参数模型（BLP）等量化分析技术，开展实证研究。

本研究的创新性主要体现在三个方面：一是考虑到我国公共景区数量众多、差异明显的特征，将实证研究的范围聚焦到目前我国已经公布的自然和文化遗产类景区上，提高研究成果的代表性。二是在数据采集、挖掘和分析上，注重与中国旅游研究院数据中心、携程网、大众点评网和同程旅游等专业门户网站合作，运用当前最新的大数据技术，进行海量数据仿真分析②。三是不同于典型调查的问卷式数据，专业网站的实际用户数据更具有真实性和代表性。我们采用某专业旅游网站的用户数据（注册用户 300 万，2015 年至 2017 年上半年，超过 500 万条真实旅游景区的游客数据信息）测算了我国 40 个遗产类景区门票的合理性和敏感性，得到一些实证性、政策参考性较强的研究成果。

本部分研究的技术路线是：设计为合理性分析和敏感性分析两个部分，合理性和敏感性的结合分析能从相对性和条件约束的角度，最大限度地描述和勾画了景区门票价格的真实影响效应和环境保护约束下的最佳定价

① 截至 2017 年 7 月底的数据。

② 当然，由于某旅游专业网站的海量数据仍然是一种市场总体数据的近似模拟，样本分布与旅游市场全体样本的实际分布依然存在客观偏差，本研究的实证分析还有进一步完善的空间。

水平。前者主要考虑通过一套技术标准或评价指标的设计和建构，对40个遗产类景区进行指数化评价，解决不同特征的遗产类景区门票价格的相对合理性问题。后者主要通过采用随机参数logit模型，在海量数据支撑下，分析不同景区（存在很大差异性和代表性的情况）的特征变量之间的交叉影响关系。同时，在进一步的深入研究中，构建了存在自然资源保护约束的最优化模型，在加入政府的自然保护行为之后，从社会整体的角度测算当用于环境保护的资金增加1%时，景区门票价格变化的最优水平。

本研究通过科学选择和设计模型方案，把存在很大差别的不同景区和游客的人口社会特征数据结合起来，运用logit随机参数模型考察景区门票价格与游客行为选择之间的影响关系，进而在自然环境保护的约束条件下，运用最优规划方法，求解出当约束条件发生变化时（政府用于环境保护的成本增加1%），景区门票价格变化的最优水平。这种分析的政策意义是：从另一个角度考察政府财政资金投入的多少将在多大程度上创造降价空间。

随机参数模型BLP的构建和分析可以分为两步。第一步，从游客角度分析，测算出游客的门票需求价格弹性，即当门票价格每降低1%时，游客数量的变化程度；第二步，模型中加入政府的自然资源保护行为，从社会的整体角度测算当政府用于环境保护的资金每增加1%，景区的最优门票价格水平。

第一步，求解游客的需求价格弹性。

假定游客在游览自然景区时关注的是个人效用，在游览时并不会注意环境保护。公共资源景区为公共产品，如果没有相应的机制设计，任由个人使用，会出现“公地悲剧”问题。政府部门作为整个社会的规划者，所关注的是整个社会所有个体在长期内的效用。

$$U_{njt} = V\Big(p_j,\ NP - \sum_{m=1}^{t}\sum_{i=1}^{N} EV_{i,\ m} + \sum_{m=1}^{t-1} RV_{j,\ m-1},\ x_j,\ s_n;\ \beta_n\Big) + \xi_{jt} + \varepsilon_{njt} \tag{1}$$

其中，U_{njt}为游客n在时间t时游览景区j所获得的效用，p_j为景区的门票价格。NP为景区美景为游客带来的总价值，$\sum_{m=1}^{t}\sum_{i=1}^{N} EV_{i,\ m}$为所有游客在时间$t$以及时间$t$以前游览景区时为景区环境带来的破坏。$\sum_{m=1}^{t-1} RV_{j,\ m-1}$代表景区所修复的环境破坏的价值。由于环境修复需要一定的时间，我们假定景区只能修复前期游客带来的环境破坏，而无法及时修复当期游客所带来的环境破坏。所以，$NP - \sum_{m=1}^{t}\sum_{i=1}^{N} EV_{i,\ m} + \sum_{m=1}^{t-1} RV_{j,\ m-1}$ 代表游客在时间 t 游览景区时所能欣赏到的美景。美景越多，游客获得的效用就越高。ξ_j 代表无法观测的景区特征。x_j 代表可观测到的景区特征，如景区级别，景区内是否有酒店，景区是否有促销活动，是否有娱乐设施，是否有便捷的交通系统，等等。s_n 代表消费者的个人特征，如年龄、性别、户籍所在地，等等。ε_{nj}为独立同分布的随机扰动项。

假设环境破坏的速度大于环境修复的速度，那么，对于游客来说，当景区内景色所带来的价值，$NP - \sum_{m=1}^{t}\sum_{i=1}^{N} EV_{i,\ m} + \sum_{m=1}^{t-1} RV_{j,\ m-1}$ 低于某个门槛值 $\overline{NP}$时，游客游览景区的效用为 0。

$$U_{njt} = V\left(p_j,\ NP - \sum_{m=1}^{t}\sum_{i=1}^{N} EV_{i,\ m} + \sum_{m=1}^{t-1} RV_{j,\ m-1},\ x_j,\ s_n;\ \beta_n\right) + \xi_{jt} + \varepsilon_{njt} \geqslant 0$$

这个模型存在一个贝叶斯纳什均衡。这个模型可以使用 BLP 方法进行估计。估计过程如下。将等式（1）改写为

$$U_{njt} = \left[\bar{V}\left(p_j,\ NP - \sum_{m=1}^{t}\sum_{i=1}^{N} EV_{i,\ m} + \sum_{m=1}^{t-1} RV_{j,\ m-1},\ x_j;\ \bar{\beta}\right) + \xi_{jt}\right] + \tilde{V}\left(p_j,\ NP - \sum_{m=1}^{t}\sum_{i=1}^{N} EV_{i,\ m} + \sum_{m=1}^{t-1} RV_{j,\ m-1},\ x_j,\ s_n;\ \tilde{\beta}_n\right) + \varepsilon_{njt} \tag{2}$$

通过改写，中括号内的项对于每个游客来说都是相同的。我们令：

$$\delta_{jt} = \bar{V}\left(p_j,\ NP - \sum_{m=1}^{t}\sum_{i=1}^{N} EV_{i,\ m} + \sum_{m=1}^{t-1} RV_{j,\ m-1},\ x_j;\ \bar{\beta}\right) + \xi_{jt} \tag{3}$$

将等式（3）代入等式（2），等式（2）可以变换为

$$U_{njt} = \delta_{jt} + \tilde{V}\left(p_j,\ NP - \sum_{m=1}^{t}\sum_{i=1}^{N} EV_{i,\ m} + \sum_{m=1}^{t-1} RV_{j,\ m-1},\ x_j,\ s_n;\ \tilde{\beta}_n\right) + \varepsilon_{njt} \tag{4}$$

设$\tilde{\beta}_n$ 的分布为f（$\tilde{\beta}_n$）且 ε_{njt}为独立的极值分布，那么游客选择游览景区 j 的概率可以写为

$$P_{njt} = \int\left[\frac{e^{\delta_{jt}+\tilde{V}\left(p_j,\ NP-\sum_{m=1}^{t}\sum_{i=1}^{N} EV_{i,\ m}+\sum_{m=1}^{t-1} RV_{j,\ m-1},\ x_j;\ s_n;\ \tilde{\beta}_n\right)}}{\sum_j e^{\delta_{jt}+\tilde{V}\left(p_j,\ NP-\sum_{m=1}^{t}\sum_{i=1}^{N} EV_{i,\ m}+\sum_{m=1}^{t-1} RV_{j,\ m-1},\ x_j;\ s_n;\ \tilde{\beta}_n\right)}}\right] f(\tilde{\beta}_n)\,d\tilde{\beta}_n$$

估计这个模型的关键在于估计 δ_{jt}。δ_{jt} 的估计方法通常采取 contraction 法。假设 s_{jt} 为我们观测到的景区 j 游客流量除以该地区在时段 t 的所有游客总数，我们可以通过以下的公式来估计 δ_{jt}：

$$\delta_{jt}^{l+1} = \delta_{jt}^{l} + \ln\left(\frac{s_{jt}}{\hat{s}_{jt}(\delta^{l})}\right)$$

估计出 δ_{jt} 之后，我们再使用模拟最大似然估计的方法估计出参数值 $\overline{\beta}$，参数值估计出来之后，可以计算游客的需求价格弹性。

第二步：求解政府的最优价格策略。

假设政府在无穷时间内最大化社会中所有游客的效用，则

$$\begin{aligned} & VA\left(p_{jt},\ NP - \sum_{m=1}^{t}\sum_{i=1}^{N} EV_{i,\ m} + \sum_{m=1}^{t-1} RV_{j,\ m-1},\ x_j,\ s_n;\ \beta_n\right) \\ & = \max\Big\{U(p_{jt},\ EV_{im},\ RV_{j,\ m-1}),\ x_j,\ s_n;\ \beta_n + \\ & \beta E_{t+1|t} VA\Big(p_{jt},\ NP - \sum_{m=1}^{t}\sum_{i=1}^{N} EV_{i,\ m} + \\ & \sum_{m=1}^{t-1} RV_{j,\ m-1},\ x_j,\ s_n;\ \beta_n\Big)\Big\} \end{aligned} \tag{5}$$

其中，VA 是效用函数的优值函数。政府对等式（5）的优化过程中会受到两个条件的约束。第一，受环境再生产的约束，即

$$RV_t = \gamma(M_t)$$

其中，M_t 代表政府为修复环境投入的财政资金，RV_t 为环境修复后所带来的价值。第二，受景区门槛值的约束，即

$$NP - \sum_{m=1}^{t}\sum_{i=1}^{N} EV_{i,\ m} + \sum_{m=1}^{t-1} RV_{j,\ m-1} \geqslant \overline{NP}$$

政府需保证景区的环境价值大于游客游览的门槛值 $\overline{NP}$。

我们可以解出这个模型的欧拉等式，然后根据求解动态规划模型的常用假定，将政府的环境再生产函数设定为线性对数形式、游客的效用函数设定为二次多项式的函数形式，可以求解出这个模型的实证等式。求解出实证等式后，我们可以测算当 M_t 取特定数值时，政府的最优价格 p_{jt}^{*}。

在采集到携程网近三年（2015—2017 年 6 月）的逐月游客参观景区数据（超过 500 万条）后，我们进行 logit 随机参数模型模拟回归，得到景区特征变量（不同地域、园林、瀑布、赏花）之间的匹配影响关系

(见图 1-5)。可以看到，直方图中的纵轴为价格变动对于消费者选择景区的影响程度，也就是说相应的游客量会发生多大程度的变化。测算数据和图中的趋势线显示，2015 年、2016 年和 2017 年 1—6 月，景区门票价格变动对游客量的平均影响程度分别是 1. 107、0. 351 和 0. 177，景区游客量的价格弹性影响是逐年减小的，而且变动幅度也是趋于收敛和减弱。由于数据计算规模巨大，我们将在今后的深入研究中认真评估各项数据的可靠性，详细运算相关参数和约束条件下的最优门票价格水平。

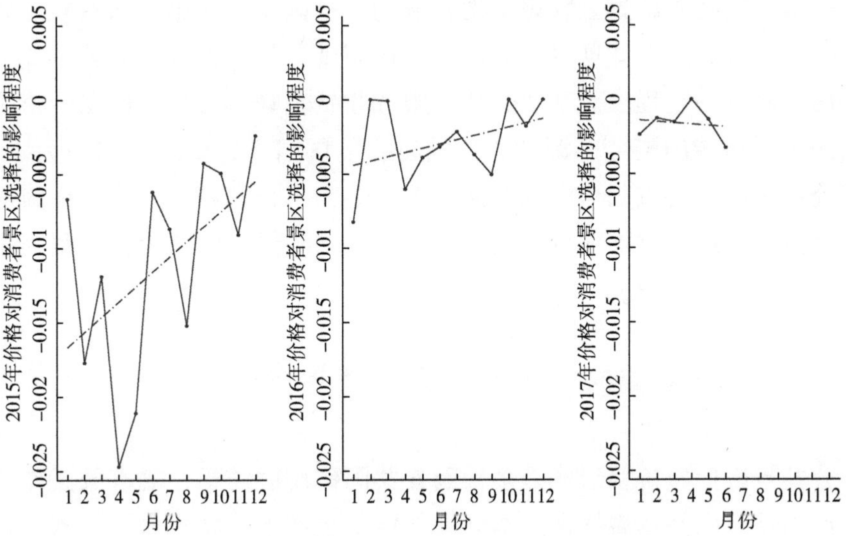

图 1-5 景区门票价格对消费者选择的影响曲线

第二节 旅游景区门票价格形成机制与影响因素

一、旅游景区门票价格的属性

《旅游法》从广义的角度界定了公共景区门票价格，即公共景区门票价格不仅包括进入景区参观游览的价格，还包括景区内交通运载工具、导游讲解服务等价格。公共景区门票价格是景区旅游资源历史文化、审美、科研教育、经济等综合价值体系的反映，是旅游者进入景区进行游览观光、休闲娱乐所支付的费用，是景区临时使用权的购买价格，不是景区所有权的价格。

旅游景区门票价格属于服务价格范畴，作为由政府批准在旅游景区内向游客收取的专项费用，公共景区门票价格兼具公益性和盈利性。首先，公共景区门票价格是一种资源补偿费，是游客对景区资源和环境损耗或使用的一种生态补偿，属于公益性公共事业收费范畴；其次，公共景区门票价格是国家委托旅游景区管理机构收取的，是国家行使景区所有权、收益权的一种表现形式，体现景区准入的门槛高度，是一种接入服务费或通道费，属于具有一定程度盈利性的公共服务收费范畴；最后，门票价格是旅游景区正常运转的资金来源。在我国特殊的国情下，由于政府财力不足，尽管公共景区所有权归全民或集体所有，但为了合理补偿成本、保障旅游景区可持续发展和增加地方财政收入，目前旅游景区门票价格在很大程度上仍体现盈利性特征。

二、影响旅游景区门票价格形成的主要因素

公共景区门票价格形成是多种因素共同作用的结果，既有景区作为准公共产品特有的基本属性在成本分摊与定价机制上的特定微观因素，也有行业特征、产权结构和经营管理方式等供求方面的中观层次因素，还有经济发展水平、政策环境和市场结构等宏观层面的因素。多方面的因素交织在一起，相互作用、共同影响着景区价格门票的变化。

1. 公共景区的基本属性决定其门票价格的合理区间

一是公共景区具有公益性。公共景区依托的核心旅游资源属于国家或集体所有，在我国社会主义体制下，核心的公共旅游资源本身就具有公益性，公共景区属于一类公益性服务，这在相应的法律法规中有明确体现。

二是公共景区具有较强的外部性。公共景区凭借其旅游资源可以满足游客多层次多维度的需求，对国民素质培养和经济社会发展具有较强的正外部性。同时，公共景区还具有负外部性，在某些时候出现拥挤外部性问题。此外，由于景区经营管理者为了经济利益，过度开发景区旅游资源，

对景观造成不可恢复的影响，产生负外部性。

三是公共景区具有一定的区域垄断性。由于自然风景区、人文名胜古迹等公共景区地域分布的不可移动性，或者不同旅游资源的自然形态或人文形态特点的唯一性，旅游者游览旅游景区的感受是不同的，使得不同旅游景区之间几乎不可替代；同时，由于景区资源的不可分割性，或者经营管理的规模经济和范围，使得公共景区具有较强的区域垄断特征。

公共景区的技术经济特征是决定景区门票价格形成的基本因素。公共景区所具有的区域垄断性，使得市场定价可能会产生垄断高价和低质量服务，要求对旅游景区门票价格进行有效的规制，实行政府定价或政府指导价。同时，公益性和外部性的特性要求景区门票价格保持在合理的水平，以便对旅游者进行承载量管理，减少或消除负外部性，最大限度地发挥旅游景区的正外部性，实现经济、社会和生态效益的有效平衡。

2. 供求关系决定的市场机制是影响公共景区门票价格的重要因素

从供给层面看，公共景区的产权结构、经营主体及相应的管理体制，对旅游景区投资、经营管理和门票价格形成具有直接影响。旅游景区所有者、开发者、经营者与旅游者共同构成旅游景区门票管理的利益相关者体系，都影响着旅游景区供给方式选择和门票价格形成。

景区开发和管理成本是门票价格形成的基础。绝大部分旅游景区如果没有进行有效保护和基础设施开发投入，是很难对旅游者开放的，因此，旅游景区的开发建设和经营管理成本必然是门票价格的重要构成部分。旅游景区的开发和管理成本包括人工成本、管理成本、专项建设成本和资源有偿使用的补偿成本等。

从需求层面看，相对衣食住行等基本需求，旅游是一种非必需品，是随着居民生活水平提高而增加的。一般而言，旅游者对公共景区的市场需求是富有弹性的，且其对不同类型景区的需求弹性存在差异，不同客源地的需求弹性也存在显著差异。对于世界遗产和国家级风景名胜区等旅游景区，由于其资源稀缺性和珍贵程度较高，旅游者对其需求弹性相对较小；旅游旺季时，旅游者对公共景区的需求弹性也较小；外地旅游者对高等级、高品质的旅游景区的需求弹性要比本地人低。此外，旅游者支付能力也是影响其对不同类型景区需求的重要因素。支付能力强的旅游者对门票价格承受能力较强，愿意为高质量的旅游资源支付更高的溢价。

3. 产权结构和管理模式的差异化导致门票价格形成走向分化

（1）产权结构多元化

我国公共景区数量大、类型多、归属复杂，尽管名义上公共景区的所有权都属于国家或集体所有，但在实际运行过程中，逐渐形成了多元主体参与景区经营管理的格局（见表 1-3）。以 A 级及以上等级旅游景区为例，国家旅游局统计数据显示，2015 年，全国 A 级旅游景区经营管理主体主要包括行政单位、事业单位、企业和部队四种类型。其中，企业负责经营管理的景区数量最多，其次为事业单位和行政单位，部队经营管理的景区数量所占比重较小。

表 1-3　2015 年全国 A 级旅游景区经营管理主体构成

（单位：家）

景区等级	行政单位	事业单位	企业	部队	合计
5A 级旅游景区	22	76	114	0	212
4A 级旅游景区	48	808	1723	1	2580
3A 级旅游景区	74	835	2107	2	3018
2A 级旅游景区	51	563	1433	0	2047
A 级旅游景区	2	20	72	0	94
合计	197	2302	5449	3	7951

资料来源：国家旅游局，《2015 年中国旅游景区发展报告》。

（2）经营管理方式多元化

行政单位、事业单位和部队属于非独立市场主体，它们对公共景区的经营管理，形成了公共景区经营管理的非企业化模式；企业属于独立市场主体，它们对公共景区的经营管理，形成了公共景区经营管理的企业化模式。前者又可细分为租赁经营等五类。可以看到，不同的公共景区经营管理模式，其特点有着明显不同（见表 1-4）。尽管它们的所有权都属于国家或集体所有，但所有权、保护权、经营权和管理权的关系却有所不同，行政单位经营管理的公共景区通常“四权统一”，企业经营管理的一般实行所有权、保护权、管理权和经营权“四权分离”。

表 1-4　公共景区典型的经营管理模式

经营模式		特　　点	代表性景区
企业化经营管理模式	租赁经营	①产生于 20 世纪 90 年代末期，是一种典型的景区转让经营权的模式； ②企业对景区进行 30 年到 70 年的整体租赁，对景区进行开发和经营； ③相关利益主体以事先约定比例分享景区经营收益	四川雅安碧峰峡、湖南凤凰古城风景名胜区
	委托或特许经营	①地方政府为景区管理主体，委托或特许企业负责景区的经营和市场推广； ②地方资金作为主要旅游投入，政府在景区规划与管理上起主导作用，当地社区和居民的参与度高	浙江龙门、江苏周庄、浙江西塘
	上市公司	①20 世纪 90 年代开始，少数景区选择上市，是典型的“四权”完全分离的景区经营模式，即景区的开发权与保护权、管理权与经营权的分离； ②景区管理机构是景区的所有权代表，将景区经营权委托给上市公司； ③上市企业负责景区旅游经营和开发利用，景区管理机构负责景区资源的保护工作	安徽黄山、四川峨眉山；湖南张家界
	混合所有制	政府与企业共同享有景区所有权；所有权、经营权分离	山西五台山景区
	非上市股份公司	①景区所有权、管理权、经营权分离； ②政府委托的未上市股份制企业是景区经营主体，负责景区开发和保护；地方政府派出的景区管委会等机构是景区所有权代表	山东青岛琅哪台、山东曲阜三孔景区
非企业化经营管理模式		①传统景区经营管理模式，具有统一的经营权和管理权； ②可细分为行政单位经营和事业单位经营两类经营模式	北京故宫、恭王府（中央政府职能部门经营）；湖南武陵源核心景区（地方政府职能部门）；杭州西湖、周口店“北京人”遗址（事业单位经营）

资料来源：根据王咏（2005）、各省旅游景区（景点）体制改革的相关文件整理。

4. 其他影响因素

景区性质、资源价值、等级和服务质量也是影响景区门票价格形成的重要因素。对于绝大部分公共景区而言，由于其具有较强的正外部性、同时具有较高的历史、观赏、科教、社会、科研、审美和生态等综合价值，且属于全民或集体所有，是全体国民重要的旅游目的地，应坚持定价的公益性，同时鉴于这些旅游景区较高的经济价值，应从促进大旅游产业发展的角度，合理确定其价格，尽可能平衡定价的公益性和盈利性。此外，一般景区等级越高，服务质量越好，对旅游者的吸引力就越大，门票价格也就会越高。

门票的定价还与经济发展水平和国民收入水平相关。因此，景区门票定价应在考虑地区经济发展水平、居民的人均收入和居民的消费水平等相关因素的基础上，制定出游客经济和心理都能接受的价格范围。

国家价格管理政策和旅游景区价格管理体制也是影响旅游景区门票价格形成的重要因素。一方面，法律法规明确规定，公共景区门票价格实行政府定价或政府调节价，其价格形成必然会受到国家价格管理政策影响。另一方面，公共景区门票价格实行分级属地化管理，处于不同发展阶段的地方政府对旅游景区的利益诉求差异较大，对门票价格形成也有重要影响。通常，经济欠发达、经济结构单一地区为了增加财政收入，更倾向于追求短期利益，提高门票价格；相反，经济发达地区则倾向于降低门票价格，更大限度地吸引旅游者，带动大旅游产业发展。当前全域旅游已经成为我国旅游产业发展的新趋势，这必然对作为旅游核心吸引物的旅游景区的门票价格形成产生重要影响。

第三节　旅游景区门票定价方法和波动机理

一、旅游景区门票定价原理与主要方法

旅游景区属于准公共产品，其定价原理与充分竞争下的私营景区有着显著差别。在竞争性行业，厂商利润最大化原则是边际收益（*MR*）等于边际成本（*MC*），如果边际收益大于边际成本，则增加生产就会获得更多

利润。反之，厂商就会亏损，相应会减少生产，一直到边际收益等于边际成本。因此，$MR=MC$ 时厂商利润最大。对于公共产品，由于其边际成本与平均成本均是递减的，若按 $MR=MC$ 定价，则企业会亏损。如图 1-6 所示，DD^* 是需求曲线也是 MR 线，MC 是边际成本线，AC 是平均成本线，边际成本定价结果是 $MR=MC$，价格为 P_P，在成本递减的情况下，平均成本线总是高于边际成本。

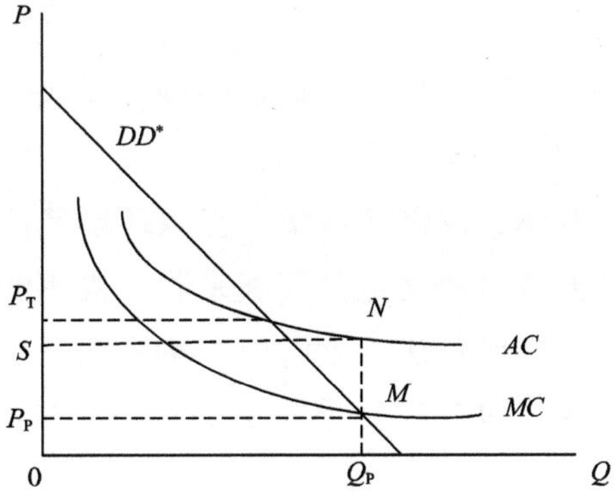

图 1-6　公共景区门票定价原理图

那么，边际成本定价 $OP_P=MQ_P$，使企业出现每单位平均为 MN，而总额为 P_PSNM 的亏损，因此，对于公共产品，如果用边际成本定价方式，企业就会发生亏损，威胁到企业财务的稳定性，这样往往由政府通过补贴来弥补其亏损 P_PSNM 部分。

由于边际成本定价法会使企业亏损，政府可设计一种按平均成本定价，使企业收支平衡的定价方法，并尽可能使社会福利达到最大化。假设企业总收入为 $P(Q)$，成本函数为 $C(Q)$，则收支平衡的条件是 $P(Q)=C(Q)$，可变形为

$$P(Q)-C(Q)=0$$

社会收益函数是：$\pi=\int P(Q)\mathrm{d}Q-C(Q)$

进而，收支平衡下的经济福利最大化问题就变成一个求拉格朗日条件下的极值问题，也就是使 π 最大化的目标函数为

$$\pi=\int P(Q)\mathrm{d}Q-C(Q)+\lambda[P(Q)-C(Q)]$$

对上式求 Q、λ 的一阶偏导，并令其为 0，可得

$$P-C'(Q)-\lambda[P+P'(Q-1)]-[P-C(Q)]=0$$

$$P\cdot Q-C(Q)=0$$

可求得 π 最大时的 P 值：

$$P=MC/(1-R/\varepsilon)$$

此处，$R=\lambda/(1+\lambda)$，称为拉姆塞指数，其经济含义是成本收费的一定折扣或给予一定的加成指数。即在成本递减行业，当企业负有收支平衡任务时，就意味着有必要把价格定得比边际成本稍高。P_T 即为按平均成本定价时的价格，此时 $P_T=AC$。

我国旅游景区的定价方法研究是热点问题，采取的技术方法和取得的成果都各具特色。从景区门票定价的理论依据看，主要涉及旅游经济学、制度经济学、公共财政学、规制经济学、资源环境经济学等多学科的交叉领域知识内容；从旅游景区收费定价实践来看，常用的定价方法有平均成本定价法、社会边际成本定价法、旅游成本费用法、生命周期定价法、非线性定价和全成本资源定价方法（见图 1-7 和综述报告）。

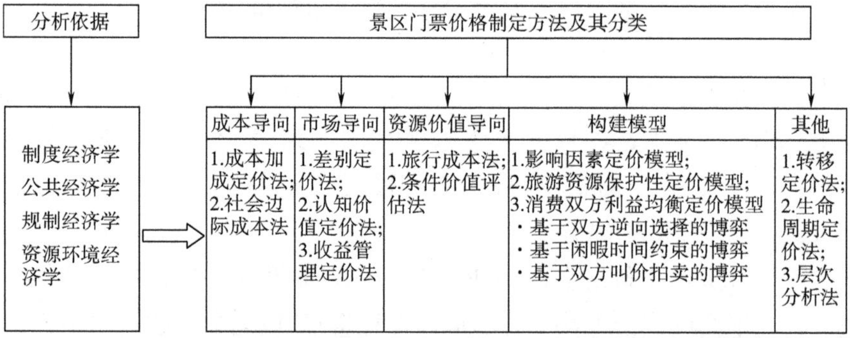

图 1-7　我国景区门票价格制定的方法及其理论依据

资料来源：课题组整理。

二、旅游景区门票价格波动传导的运行机理

研究这一问题，有助于我们透过价格变换的表象，从市场体系的角度，发现和揭示景区门票价格的变化规律和趋势，掌握景区门票涨价的深

层矛盾和关键环节，找到解决问题的有效方法和途径。

在不同景区（A 级以上）组成的市场体系中，大致存在三种不同优势的景区类别，在市场主体的数量上呈现出“中间大、两头小”的市场格局。第一种是属于世界遗产类景区的高端景区或龙头景区；第二种景区是属于国家级或省级景区的优质景区，它们为数众多，是市场体系的主体；第三种是属于市县级景区的普通景区。

由于地理区位的自然差别，不同景区之间在门票价格体系的影响力和政策传导性方面存在着明显的差异性，表现在：越是评定等级高、自然资源独特性强的景区，在财力保障、门票定价、市场影响甚至政治资源的游说动员能力上，较普通或低等级的景区越具有优势，这种优势体现了高等级景区在市场体系中的权威性和导向性。

如图 1-8 所示，我国旅游景区门票价格的波动不仅表现在一些优质高端景区门票的相互攀比，进而价格一路高涨，更为显著的是，在市场价格波动中，不同等级、不同区域的景区门票往往以一种“共振螺旋上涨”的运行方式集体加速上涨，这种非理性、弱约束的正向反馈式上涨，很大程度上源于“产权失灵”和“市场失灵”的双重影响。所有权缺位和虚置使得拥有高端景区资源的地方政府产生强烈的投资扩张和涨价冲动，对于低一级的优质景区的门票价格变化必然产生“正向拉动、不断提价”的效果。优质景区在高票价示范效应和同样弱约束的地方政府决策下，通过“正向传导”进一步采取跟进涨价的理性行动，“市场失灵”随之发生。同样的市场逻辑在普通景区继续重复，普通景区通过“正向推动、跟进涨价”，不断缩小与高端和优质景区的价格或价值差距，反过来，“底线抬高”的比价效应又对高端景区的涨价打开了进一步上涨的空间，找到了涨价的理由，产生了正向的推动效果。如此循环，各个景区竞相涨价的“共振螺旋上涨”的集体行动最终完成。

解析市场化、弱约束下的共振螺旋上涨的运行机理后，一个对应的问题，即如何抑制或化解这种非理性上涨的课题也就随之产生，实质上也就是我们要探索治理高票价的有效办法。问题的关键是抓住非理性上涨的源头和打破共振的运行机制。高端景区是公共景区的核心和代表，也是门票价格的标杆和上限。如果在其免费或低价的示范效应下，整个市场价格运行发生显著的变化，产生“反向对冲消减”的比价示范效果（见图 1-9）。

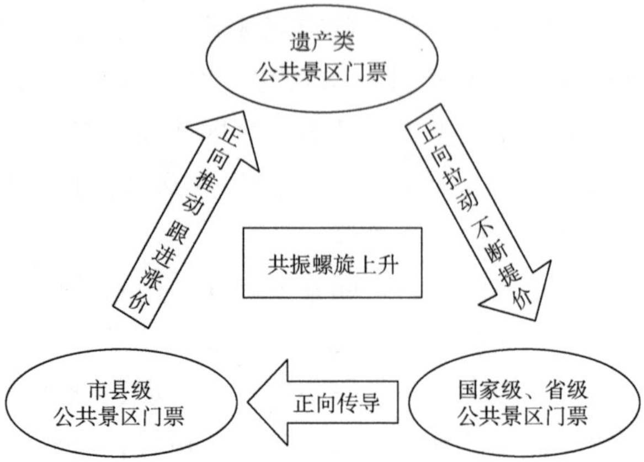

图 1-8　公共景区门票价格上涨的共振传导机制

不仅高端景区对优质景区、普通景区产生了价格变动的反向下压作用，而且优质景区、普通景区之间也会由于价格下降的不连续、不协调而发生连锁降价反应，一个水平降低、比价合理的景区门票价格体系就此形成，这也是我们加强门票价格管理，推进收费体制改革的政策逻辑和制度选择。

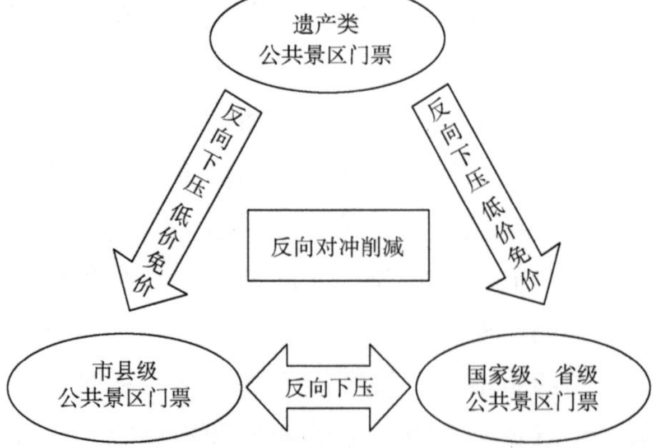

图 1-9　公共景区门票价格非理性上涨的治理机制

第二章 旅游景区收费的理论基础和分析框架

内容提要 依托公有资源建立的公共景区的收费体制设计应体现在政府定价或政府指导价下，实现从准公共产品向公共产品的转化。在公共景区内由私人投资建设的索道、交通等项目因依托的是公有资源，具有一定的垄断性，也应该采取政府指导价的定价方式。公共景区门票价格的形成机制可以归并整合到一体化、三层次、多主体的整体分析框架中来展开。影响收费的重要方面包括产权制度对景区收费的基础约束和深刻影响、旅游景区收费定价成本与分摊实现、经济利益主体收费冲动的动态博弈以及社会参与差异化条件下的公共治理。

第一节 研究范围界定与特征

一、研究范围界定

本书主要从政府对旅游景区收费管理的角度进行研究，考虑到我国政府对资源的所有情况，适合的分类应该突出旅游景区依托资源的资源属性和产权属性。

按照旅游景区资源属性，可将旅游景区划分为依托公共资源建立的公共景区和私人景区两大类。其中，公共景区是指以自然景观和文物景观等公共资源为依托的自然景观类景区和文物景观类旅游景区，包括世界遗产、风景名胜区、自然保护区、文物保护单位、森林公园、地质公园、历史文化名城等。公共景区在考虑我国政府的行政级别后，又可以进一步分为国家所有公共景区、省级政府所有公共景区、市级政府所有公共景区、县级政府所有公共景区、乡镇级政府所有公共景区五类。而私人景区则是企业通过租借土地，投资建设的主题公园、人造景点、旅游度假区等开发型景区。私人景区投资的主体是企业，在市场在资源配置中起决定性作用的情况下，这类景区的价格应该由市场决定，因而不属于本课题的研究对象。

综上所述，公共旅游景区依托的是公有资源，采取的是国有或集体所有的形式。资源本身具有独特性、高价值性、不可再生性、不可替代性等公共属性。同时，当前按照属地管理的原则对这类景区进行管理，所有权与管理权存在分离，形成了委托代理的问题，所以其收费价格即狭义的门票价格是本研究关注的重点。

二、旅游景区收费的经济学分析

1. 研究对象的属性

经济学中的社会产品根据“排他性”和“竞争性”可以分为纯私人产品、准公共产品、纯公共产品三大类。其中纯私人产品是一个极端，具有消费的“竞争性”和供给的“排他性”；而完全公共物品是另一个极端，具有消费的“非竞争性”和“非排他性”；其他所有的物品都或多或少具有“竞争性”和“排他性”。需要特别说明的是：

第一，一种产品的“竞争性”是由其本身的特点所决定的。例如一般的服装、食物、工业用品等物品，一个人消费了就不可能让另一个人消费。国防、空气等物品则不存在这种现象；而本课题需要研究的公共景区具有不完全的“竞争性”，在达到“拥挤点”之前，多一个人消费并不影响到其他人的消费，即在“拥挤点”之前存在边际成本为零的现象，而超过了“拥挤点”再增加一个人消费将影响其他人消费。

第二，一种产品的“排他性”是由技术水平所决定的。经济学意义上的排他性取决于由技术水平决定的收费成本是否高昂。完全的私人物品，由于效用的可分割，可以在不增加较大收费成本的情况下实现排他性。而完全的公共物品，如国防、空气等由于效用的不可分割，使得在现有的技术条件下，排他性收费的成本巨大甚至是不可能。而对于公共景区来说，实现排他性收费在现有技术条件下，并不是不可能的，现实中也已经存在收费，而且由于投资规模的限制，景区在建设时会规划一定的区域范围，这将形成收费的现实基础。

第三，理论分析中还有一类物品被称为“公共资源”，其定义是具有“竞争性”但不具有“排他性”的物品。对这一概念需要明确地认识到两点：首先，公共资源的“非排他性”并不是指这类物品在技术上难以实现或者不可能实现收费（尽管这么做有一定的成本）。其次，公共资源的“非排他性”是因为法律意义上的所有权以及派生出的收益权等归全体国民所有，所以从法理角度说对这类资源或物品“不适合”收费。

因此，公共景区并不是完全意义上的公共产品或者私人产品。由于其超过“拥挤点”后存在“竞争性”，同时技术上能较容易实现“排他性”，所以准确地说，旅游景区是一种可收费的接近于私人产品的准公共产品。

另外，公共景区特别是依托“公有资源”建立的世界遗产、风景名胜区、自然保护区、文物保护单位、森林公园、地质公园、历史文化名城等，具有重要的教育、科研、文化等意义以及能够带动旅游景区所在地的相关产业的发展，即具有较大的正外部性。这类具有正外部性的物品完全由市场提供是缺乏效率的，市场供给往往偏少。对于正外部性物品的供给需要政府的参与，但政府参与不等同于完全由政府供给，完全由政府供给准公共产品并不是最优的。同时，景区产品的消费也具有一定的负外部性，如一定程度的环境现状改变或破坏等。

2. 研究对象的特征

本书研究的旅游景区，特别是重点关注的依托法律意义上的“公有资源”建立的“公共景区”有以下三个显著的特点：

第一，从产品的经济学性质来看，是一种可收费的、接近于私人产品的、具有较大外部性的准公共产品，从法律角度来看，这类景区所依托的资源在产权上属于全民所有，并不适合收费。因此，这类景区要体现所有权以及外部性，需要改变经济学意义上的产品属性，即从接近于私人物品的准公共产品逐步转换到接近于公共物品的准公共产品甚至完全的公共产品，即增加景区产品的公共性。这种产品属性的变化需要政府以及社会的投入。

第二，从产品供给的角度看，这类可收费的准公共产品，完全基于税收的由政府提供与完全基于价格的由企业提供均不是最优的选择。经济学理论已经证明这类准公共产品理想的供给方式是由政府与企业合作提供。首先，景区的基础设施等建设以及运营可以引入社会投资，所有的投资都是需要回报的，此为景区收费的理由之一，即景区门票是成本补偿费。其次，景区所依托的资源产权是全民所有，但并不是所有人都进入景区，如果全部成本由税收负担实行免费政策，实质上对那些没有进入旅游景区的产权所有人来说是一种“强制购买”。这种政策反而有损公平，此为景区收费的理由之二，即景区门票是资源使用费。最后，景区具有较大的外部性。正外部性只有在政府补助的情况下才能实现最优的生产，收费过高将使得正外部性无法体现。负外部性的治理需要成本，在能确定责任人或受益人的情况下，需要通过收取一定费用来补偿治理负外部性的成本，即景区门票是环境保护费。因此，景区收费需要在政府补助的情况下实现低收费。所以说，依托“公有资源”建立的“公共景区”的成本由税收和收费补偿是一种较好的供给方式。

第三，公共景区具有垄断性。理论上垄断产生于生产资源的独占、专利权、政府的特许和自然垄断。依托公有资源建立的公共景区主要集中在世界遗产、风景名胜区、自然保护区、文物保护单位、森林公园、地质公园、历史文化名城等。这些景区的资源很大程度上具有唯一性，因而具有了资源垄断的性质。同时，景区的建设投资巨大，并且由于小于“拥挤点”而具有边际成本为零的特性，使景区的成本体现出“弱加性”。可见，公共景区也具有一定的自然垄断的性质。在存在垄断的市场存在失灵的现象，需要政府的监管保证效率。

综上所述（见表 2-1），依托公有资源建立的公共景区的收费体制设计需要体现出在政府定价或政府指导价下，实现从准公共产品向公共产品的转化。同时，明确了公共景区的性质也就明确了在公共景区内由私人投资建设的索道、交通等项目因依托的是公有资源，具有一定的垄断性，所以也应该采取政府指导价的定价方式。

表 2-1　公共景区性质对收费的影响

公共景区的性质	对收费的影响
准公共产品	可收费
公有资源	不适合收费
正外部性	政府补贴
负外部性	需要收费
资源垄断与自然垄断	政府定价或政府指导价

资料来源：课题组整理。

第二节　旅游景区收费体制的相关理论体系和学科基础

一、制度经济学与公共选择理论

制度是指一系列被制定出来的规则、守法秩序和行为道德、伦理规范，旨在约束主体福利或效应最大化利益的个人行为（诺思，1991）。制度提供了人类相互影响的框架，它们建立了构成一个社会，或者确切地说一种经济秩序的合作与竞争关系。制度经济学是研究制度演进背景下人们如何在现实世界中做出决定和这些决定又如何改变世界。交易费用理论和产权理论是制度经济学两大基本分析工具。产权制度是一系列用来确定每个人相对于稀缺资源使用时的社会地位和社会关系的制度。

完备的产权包括资源利用的所有权利，这些权利构成了权利束。权利束既是一个总量概念，即产权是由许多权利（权能）构成的，如产权的排他性、收益权、可让渡权、可收益权等，也是一个结构概念，即不同权利束的排列与组合决定产权的性质与结构。如果权利所有者对拥有的权利有排他的使用权、收入的独享权和自由的转让权，这样的产权是完备的。如果这方面的产权或权能是被限制或禁止的，就成为残缺的产权。

实际生活中的产权不可能是完备的。阿尔钦与卡塞尔在 1962 年首先提出了所有制残缺的概念，这种不完备性或残缺性分为两种情况：一种是产权的主体因界定、保护和实现权利的费用太高而自动放弃一部分权利；另一种情况是外来的干预（或侵犯），比如国家的管制造成的所有制残缺。值得指出的是，对于任何产权主体来说，虽然不能做到产权的完备性，但是关键产权束（如收益权、转让权）的具备是有效产权的基本条件。

造成产权残缺的原因在于，一些代理者（如国家）获得了允许其他人改变所有制安排的权利。对于废除部分私有权利束的控制已经被安排给了国家，或者由国家来承担。国家干预或管制是造成产权残缺的根源。

产权的排他性是指决定谁在一个特定的方式下使用一种稀有资源的权

利。一般而言，私有产权的排他性较强，共有产权的排他性较弱。产权的排他性一方面把选择如何使用财产和承担这一选择后果之间紧密联系在一起，另一方面使所有者有很强的动力去寻求带来最高价值资源的使用方法。产权的非排他性意味着两个或两个以上的人同时拥有控制统一资源的权利。

产权的非排他性是产生“外部性”和“搭便车”的主要根源。一个社会不可能所有的产权都具有排他性，排他性较弱的地方也就是外部性严重的地方。任何国家都未能够建立纯粹的排他性私有产权制度，主要原因：一是在一些领域建立排他性的成本费用太高；二是由于技术原因在一些地方建立排他性产权制度很困难；三是在一些公共领域建立排他性产权制度不利于资源的有效利用。

一种产权是否有效率，主要看其是否能够为其支配下的人们提供将外部性较大化地内在化的激励。德姆塞茨认为，当内在化的所得大于内在化的成本时，产权的发展是为了使外部性内在化，内在化的增加一般会引起经济价值的增加，这些变化会引起新技术的发展和新市场的开辟，由此而使得旧有产权的协调功能很差。在一个共同体对于私有产权偏好既定的前提下，新的私有和国有产权的形成将是对新技术和相对价格的回应，与效率的实现关系重大。

产权失灵是指产权不存在或者受到限制而出现的资源配置效率无效或者低效的现象。斯蒂格利茨指出了三种情况：一是范围不明确的产权，如大浅滩；二是有限制的产权，如政府对用水权的限制使得水资源不能够得到充分利用；三是作为产权的法定权利，如一些大城市普遍存在的、以受到控制的租金终生租用公寓的权利也是一种产权。产权失灵的原因在于国家理论中的统治者的双重约束、使统治者租金最大化的产权结构与推进经济增长的作用相互冲突等原因。

二、公共财政与预算理论

公共财政是为弥补市场失效而提供公共产品的政府分配行为，公共财政理论的三个基本属性包括：第一是公共性，以满足整个社会的公共需要作为界定财政职能的口径；第二是非盈利性，以公共利益最大化作为财政支出安排的归宿；第三是规范性，以依法理财作为财政资金运作的行为规范，是财政民主的实现方式。

市场经济的一般特性（公共性）决定了政府与市场的职能分解，决定了公共财政对一部分社会资源进行科学配置的合理性和必要性。界定政府与市场的关系是理清公共财政职能的基础和根本。斯蒂格利茨指出，“发达的市场与强大的政府并不矛盾，市场失灵不是政府干预的充要条件，同样政府失灵也不是回归市场自由的充要条件。”

1983 年，张愚山在翻译出版美国经济学家埃克斯坦的《Public Finance》一书时，将其翻译为“公共财政”，在此之前，我国财政界一直把“public finance”等同于“财政学”或“财政”，由此公共性成为公共财政的标志性特征。

我国公共财政理论基础表现在：

（1）把市场失效作为财政职能定位的经济依据。在市场经济条件下，财政职能的定位应建立在对市场经济运行的分析基础之上，从市场机制的角度研究公共财政的定位。有效的市场机制通常能产生经济上的高效率，这是因为：一方面市场信号能有效地引导资源向高效率的企业、行业和地区流动，从而带来整个市场经济效率的提高；另一方面，市场竞争机制可使效率低、成本高、技术落后、经营不善的企业在竞争中被淘汰，通过竞争筛选出来的企业必定是高效率的。英国著名的经济学家亚当·斯密早在 18 世纪就悟出了市场能够有效地配置资源的道理。然而，市场机制虽在许多情况下可以带来效率，但也有失败或无效的时候。比如，外部效应、垄断、收入分配不公乃至经济失衡等都是市场失效的典型表现。市场失效为政府干预经济提供了合理性依据。西方经济学家认为，在以市场为资源配置主体的经济社会中，只有在市场失效的领域，政府部门的介入才是必要的。在经济领域，政府的职能主要是克服市场失效的问题，财政则是支持政府行使这些职能的手段。财政所要解决的只能是市场不能解决的或者是通过市场解决不能令人满意的问题。由此可见，社会不同领域的资源配置职能必须由国家和市场分别承担，一切可以避免经济效益外溢的生产经营，其资源配置都应当由市场机制去完成；相反，凡是具有难以克服的效益外溢性的产品生产，都需要政府通过财政手段来解决。

（2）以公共需要作为财政支出定位的前提。一般来说，财政支出是财政职能的具体化，财政职能服务于政府职能，政府应做什么，财政资金就应该支持什么，而政府应做的事很多，因此应当确定一个划分标准。对此，西方财政理论界认为，所有社会产品可划分为三大类，即私人产品、公共产品和准公共产品。政府的财政支出就是用于提供全部公共产品和一部分准公共产品，财政支出必须以满足社会公共需要为标准来界定和规范。所谓公共需要，是区别于私人消费的需要，是市场不能满足的需要，是具有非排他性和非竞争性的需要。满足公共需要的事务具有以下特征：一是代表全社会共同利益和长远利益的事务；二是只有政府出面组织和实施才能完成的事务；三是企业和个人不愿意筹办而又是社会存在和发展所必需的事务。只有满足社会公共需要的事务，财政才应提供资金支持。

（3）以公共权力和所有者权力作为财政收入定位的法律依据。财政收入是财政支出的资金来源，是满足公共需要的物质基础。私人用于满足私人需要的资金，是凭借其对生产要素的所有权取得的；而政府用于满足社会公共需要的资金，必须凭借公共权力获得。所谓公共权力，是指由立法机关赋予政府代表公众行使的权力。在现代民主制度下，政府的任何权力都应通过公共选择程序，由立法机关审批、赋予，否则就是滥用职权。在组织收入方面，政府可以凭借其行政管辖权获取财政收入，这类收入都带有典型的管理和强制性征收的特色，主要包括税收、规费、使用费、罚金等。政府也可以依据经济所有权获取财政收入，其具体形式有国有企业上缴的利润、租赁国有资产的租金收入、国家参股所获得的股息和红利收入、国有资源管理费收入和其他国有资源收益。此外，政府还可以凭国家信用获得财政收入，这类收入是政府按照有借有还的信用原则，通过发行公共债券获取的。政府的各种收入形式都有其优点和不足，相对而言，税收的强制性、无偿性、固定性以及与市场经济的兼容性，决定了其在财政收入体系中的地位，成为各国筹集财政收入的首要选择。

（4）把公共选择作为财政决策定位的理论依据。西方公共选择理论把政府的预算决策看成是由公共产品的供求双方相互决定的过程，政府通过预算收支提供的公共产品应符合公众的偏好或意愿。为了揭示公众对公共产品的偏好，并把公众的个别偏好集中成为集体偏好，从而作出符合公众意愿的决策，预算决策必须按照一定的民主政治程序进行，国家预算的内容要向社会公开，社会公众有权监督预算的编制和执行情况，这就要求国家的预算必须步入民主化、法制化和程序化的轨道。我国公共财政建设应当借鉴和吸收西方公共选择理论的合理成分，采纳西方国家科学的预算决策办法，进一步完善人民代表大会制度，在立法机关、政府部门、人民群众之间形成相互监督、相互制约的财政分配权力制衡机制，建立有中国特色的财政分配公共选择程序，实现财政决策的民主化和科学化。

三、规制经济学理论

公共规制是市场经济中政府为弥补市场失灵、提升市场效率和增进社会福利，对微观经济主体进行的规范与制约。植草益认为，在自然垄断和存在信息偏差的领域，主要为了防止资源配置低效率和确保使用者公平利用，政府运用法律权限，通过许可等方式和手段，对于企业的进入、退出、价格、服务的质量和数量、投资和财务会计等有关行为加以规制。

公共规制的政策指向来源于以下几个方面：一是加强对垄断权力的控制和制约。对自然垄断行业进行规制通常由两部分组成，一部分是防止新企业过度进入；另一部分是消减由进入壁垒造成的垄断租金的价格控制。二是对企业外部性的规制。当消费者或生产者仅从自身利益出发，忽略其行为给他人带来的成本或收益的影响时，私人决策的市场均衡结果会偏离社会最优状态，导致低效率的资源配置。三是信息规制。信息不对称引发的逆向选择和道德风险会严重影响公平交易，造成市场低效率。需要政府通过规制等手段减少信息不对称。四是对不合理消费偏好的纠正。由于个人消费偏好不合理会导致优值品和低值品的出现，纠正市场缺陷成为政府进行公共规制的必然选择。

从规制的范围和形式看，主要包括经济性规制和社会性规制两大领域。20世纪70年代以前，公共规制的重心是经济性规制，此后，在新自然垄断理论、可竞争市场理论、利益集团理论以及规制俘获理论等新规制经济学理论思潮的推动下，发达市场经济国家掀起放松规制运动，同时不断加强和拓展社会性规制的范围。在经济性规制中，市场进入和价格规制是主要的规制内容。解决自然垄断问题的经济性规制政策最终目标是实现抽租与效率的权衡，为企业提供良性激励，常用的激励规制工具包括特许投标权竞争、标尺竞争、价格上限制等。社会性规制是为了保障全体公民的健康、安全、卫生和防止公害、保护环境而对于各种社会主体特定行为进行政府规范和限制的政府干预，其方式可以分为信息、标准、事前审批和经济工具等四个类别。

四、资源环境经济学理论

自然资源是一种不受人类影响的客观存在，但存在形式却受到人类活动的影响，特别是经济行为和社会行为在近代对自然资源的认识开发和保护的方式发生者重大变化。随着技术经济和社会变化的升级加剧，自然资源的特定制度和技术条件下的供给相对于人类社会的需求往往不足，对于自然资源的利用存在长期的稀缺性。

自然资源认识和利用的核心和难点在于自然资源的价值评估和核算理论方法体系不适应实践发展的需要，关于资源定价问题成为自然资源经济学的研究重点。美国著名经济学家马歇尔在19世纪70年代首先提出了生产过程中的“外部不经济性”，发展了环境资源价值核算的外部性理论，将经济效益与生态效益联系起来，认为生产过程中的外部成本，即生态成本，应纳入国民经济成本核算体系中。1973年，诺德豪斯和托宾提出，用“经济福利准则”修改国民生产总值（GNP），由此引发了对环境资源价值进行计量的关注。1977年，Westman提出“自然的服务”概念及其价值评估问题，认为自然资源价值的总价值由直接使用价值（可直接消费的产品，如食物、生物质、娱乐、健康等）、间接使用价值（功能效益，如生态功能、防洪等）、选择价值（将来的直接或间接使用价值，如生物多样性等）、遗传价值（为后代保留使用价值和准使用价值的价值，如生境等）和存在价值（认识到继续存在的价值，如生境、濒危物种等）构成，地球生态系统被认为是人类最重要的自然资产。

主流的自然资源定价方法是基于边际效用价值论的，解释的是消费者个体自身的支付意愿，自然资源的利用涉及自然资源的产权界定问题，而自然资源的产权界定的对象是自然资源的功能性属性问题。

大量研究表明，不可交易的自然资源价格标准来源于消费者个体在基于成本属性的市场价格的偏好程度以及在成本属性市场价格与自然资源定价属性的相关性上的偏好程度。此外，政府不应该干涉自然资源经济效率的实现，而应在自然资源产权获取和流通上进行保障公平的制度安排，运用政府权力干预垄断行业的福利损害，在自然资源不能自发解决的外部性上加强调节。

第三节　旅游景区收费体制的分析框架与应用

旅游景区的定价问题涉及多种因素。不同的研究从不同的视角入手，通过定性分析或建模分析得到了不少有用的结论。但这些结论都只反映了景区定价问题的某一个方面。综合前文研究成果，本研究构建了旅游景区门票价格决定的“三层次多主体”分析框架。

一、旅游景区收费体制的分析框架

要理清公共景区收费体制的逻辑层次、作用机理和制度影响等多方面因素，就必须分析清楚景区的产权、成本投入以及社会参与情况。只有在明确这三者的基础上，才能形成科学的定价机制以及管理体制。

产权面是核心影响因素。产权体系涉及所有权、收益权、经营权和管理权等权利的分配，其中，所有权处于最为核心的地位。所有权决定了收益权，这一权利直接影响着门票收入的归属以及相关制度的安排。权利分配的不同，进而导致对于公共景区的投资与收益、成本的分摊等的不同。同时，产权制度的不合理安排将导致所有权主体缺位、资源类型相同的景区经营方式不同、管理权分属于不同的政府部门等一系列问题。

经济面是基本影响因素。因公共景区存在资源垄断与自然垄断的情况，生产者有着控制市场价格的能力，对于一些独一无二的景区，如故宫、张家界、九寨沟等，可以说是一个完全垄断的市场。在这样的市场中，生产者依据自身投入成本情况来决定生产数量进而决定价格。又因为景区本身的准公共产品的属性，将在一定程度上出现“搭便车”现象，这也使得在定价中需求端的影响减弱。由此可见，不论是从哪种经济理论出发，价格的核心影响因素都是投入成本。对于其他的影响因素，要么是由成本投入所影响，如景区的面积与规模、景区的级别、交通运输状况等，甚至一定程度上景区环境的状况与环境容量也与成本投入有关；要么是影响成本投入，如产权性质等。需求因素是由消费者的无差异曲线与预算约束共同决定的。在竞争性市场中，消费者需求因素对生产者的成本产生压力，而在垄断性市场中，需求因素并不能对成本产生影响。根据经济学理论，不同的产品在不同的市场中定价方式是不同的。要讨论收费或价格问题，需要从产品的经济属性与市场结构情况出发进行研究。

社会面是辅助影响因素。由于公共景区具有正外部性与垄断性，在价格形成与管理中，社会以捐赠的方式弥补成本，以参与价格听证会的方式提供需求端的信息，进而形成对景区成本的压力。

如图 2-1 所示，对于公共景区门票价格形成机制的研究，可以归并整合到一体化、三层次、多主体的整体分析框架中来展开。

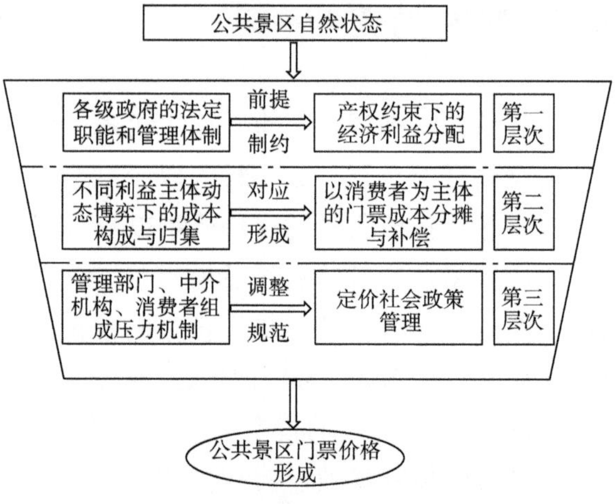

图 2-1　公共景区门票价格形成机制的分析框架

第一层次，主要研究厘清公共景区的产权结构和各级政府法定职能基础上，收费体制下对经济利益分配流向的制约关系。制度是经济运行的基础，不同的制度架构决定着不同的经济运行表现和收益归属。

第二层次，主要研究以地方政府为主的不同利益主体动态博弈下的成本构成与归集机制，以及与之相对应的、以消费者为主体的公共景区门票成本分摊与补偿。定价成本具有一定的稳定性，但成本的补偿以及利益主体的博弈在产权制度的基础上具有一定的变动性，两者相结合才能有效解释不同地区不同的门票价格现象。

第三层次，主要研究在前两个层次的基础上，以景区管理部门、相关社会组织和中介机构、消费者（游客）组成的压力机制，如何通过特征规范等程序，对听证限涨、成本监审和信息公示下的门票定价进行社会政策管理，形成我国当前公共景区的两类收费形成与管理模式。综合前述，只有在明确这三个层次之间的内在联系和制约的基础上，才能形成对定价机制以及管理体制的科学认识。

二、基于分析框架的制度释义与应用逻辑

现实中公共景区的门票价格存在着两种截然相反的现象。一些景区的门票价格呈现不断上涨的趋势；而另一些景区却逐步实行免费或低价。价格作为经济中的结果变量，对其进行分析与解释需要将分析视角前移，通过分析价格的形成与管理才能给予有说服力的解释。结合本课题研究的框架，为了解释这两种现象需要从四个方面考察。

（一）产权制度对景区收费的基础约束和深刻影响

不论是马克思主义经济学还是西方经济学，都强调了制度对经济有着根本性的影响。而在所有的制度中，产权制度是核心。产权本身是一个体系，由所有权、收益权、处置权及其派生的经营权、管理权等权能所组成。在这个产权体系中处于核心位置的是所有权。对财产的所有权决定了其他与之相关的所有权利架构。具体到课题研究对象来说，公共景区是依托于公共的自然或文化资源建立的。根据我国的法律规定，这类资源属于全民所有，由国家代为行使所有权。但在我国并没有一个实体性的法人来明确行使这一权利，从而出现“所有权虚置”现象。

所有权的虚置产生了多重的委托代理问题。第一，使得收益权主体不能确定。门票的收入按理应该归所有权主体所有，但现实中，这一收入往往属于拥有管理权限的政府所有。没能真正体现全民所有权要求的收益权；第二，公共景区的建设以及公有资源的保护问题应属于获得收益的一

级政府的职能，但由于现实的约束，获得收益的政府并不能完全履行这一建设和保护的职能。具体表现为公共景区的定价成本不能合理的分摊；第三，所有权虚置产生了公共景区的“条块化”管理，政出多门。由于缺乏明确的所有权主体，在对公有资源的管理上沿袭我国政府公共管理的模式，对景区的相关事项的管理分属于：发改与物价部门、财政税务部门、农林部门、水利部门等职能部门。管理权的分化导致有关公共景区的管理政出多门，相互协调成本较大。再加之各部门的部门利益驱使，收益权也产生了分化现象；第四，所有权缺位和虚置加剧“属地化管理”无序失衡演化。20 世纪 70 年代末以来，我国公共景区的管理经历了下放、上收、再下放的过程。2001 年以来，国务院价格主管部门陆续将公共景区的价格管理权限下放到了地方。同时，近年来各地省级政府出台的定价目录，也逐渐将旅游景区（特别是 5A 级以下景区）的管理权限向市级政府或县级政府转移，形成了省市县三级分别进行价格管理的体制，即实行“属地化管理”的模式。

属地化管理模式本意上想调动地方参与景区建设和资源保护的积极性。但在具体的实施过程中，却逐步陷入以下发展矛盾和困境：首先，财权与事权不匹配。公共景区的属地政府获得了门票收入，但基层政府在财力有限的情况下，往往优先考虑经济发展与财政收入的增加，无暇顾及环境保护等公益性目标。其次，经营主体混乱。在前述的财权与事权不匹配的情况下，属地政府履行公有资源的开放利用和资源保护职能时，往往采取旅游公司等地方政府平台投资公司投资经营的模式。平台公司一般由政府出资建立，行为目标为“国有资产的保值增值”。为了实现这一投资经营模式，原景区管委会或政府管理部门，必须让渡部分的收益权以及管理权，从而形成了景区拥有至少两位管理者与收益索取者。因此，门票收入被分流为旅游公司的收入以及政府部门的收入。再次，公有资源的开发建设与资源保护形成矛盾。一方面，由于景区门票收入分属于政府各职能管理部门以及旅游公司，使门票收入无法实现专款专用，资源保护成本缺乏补偿来源。另一方面，政府出资建立的平台公司在预算软约束下行为目标使得脱离了资源保护的硬性要求，产生了扩张型的扩大投资现象。景区资源的开发与保护演化成为一对矛盾。

综上所述，对于全民所有的自然或文化资源，因所有权的虚置倒逼属地化管理失衡的经济分析中，必然的结果是政府资源保护职能的缺位，资源保护成本补偿来源匮乏；政府部门间以及政府与市场主体之间出现成本与收益的博弈等问题。加上稀缺景区的垄断性，使成本以及门票价格不断向消费者转移，呈现出门票价格不断上涨的现象。这种上涨背后的逻辑是，无约束或弱约束的政府投资扩张的发展冲动来源于地方政府的过度授权，特别在经济结构单一的地区，这种现象往往越演越烈。

（二）旅游景区收费定价成本与分摊实现

前述中，我们已经明确了在景区门票价格形成与管理中产权制度的核心地位以及投入成本占有基础地位。那么在此基础上需要进一步考虑投入成本的构成以及这些成本应该如何分配。

第一，资源保护成本。公共景区依托建设的资源一般是自然资源或文化资源。一方面，这些资源或是大自然的馈赠或是历史的馈赠，具有不可替代性和不可复制性。同时，自然资源还具有重要的环境价值，体现了景区最大的公共性与正外部性。由于自然因素（如风化、腐蚀、水土流失等）的影响，即便不利用，随着时间的推移，这类资源都会有损耗。因此，对其现状进行保护是必然要求。在进行保护的过程中，必然会产生一系列的投入成本，即因自然因素引起的保护成本，其中包括景区的防火费用、拆迁安置费用等。这类保护成本体现了资源本身所具有的价值。鉴于这类成本的发生的受益人是全体国民，或者说假设不作为景区利用，但在我国现阶段转变发展方式、重视环境保护建设主体功能区的大背景下，这部分成本也是必须要发生的。所以说，这部分保护成本，应该由政府的专项转移支付、资源环境保护受益地区的横向转移支付以及社会的捐赠来承担，不能片面地将这部分成本转嫁给游客。

另一方面，公共景区依托的资源具有极大的教育价值、文化价值等，能够激发人们热爱祖国河山与文化；能够陶冶情操增广见闻等。而这部分资源价值的体现需要游客进入景区消费才能得以实现，这体现了旅游消费的正外部性。但游客进入景区会对景区的自然或人文环境造成一定的影响，即旅游消费又具有一定的负外部性，修复这些影响会产生一定的成本，即因旅游因素引起的保护成本。根据消费的正负两方面外部性以及“谁受益谁付费”的原则，这一部分成本可由政府、消费者共同负担，消费者负担的是资源有偿使用费。

第二，开发建设成本。开发建设成本直接决定了景区的等级、规模与面积等因素。通常来说，在实践中开发建设成本常常包含了保护成本。但是从理论和逻辑的角度看，两类成本并不是一回事。保护成本体现的是资源本身的价值以及外部性，而开发建设成本是指将处于原始状态的自然或文化资源按照一定的标准建设成为适合于人类游玩、观赏的景区。开发建设成本主要是指景区基础设施建设及维护成本。如景区道路建设、景区安全措施建设、景区卫生设施建设等公共设施建设项目及其维护。这类成本使资源被开发利用变成一项能够供人消费的产品。假设不被开发为景区，这类成本将不会发生。所以说，开发建设成本需要由进入景区的旅游者负担。

第三，经营成本。经营成本是指为了使景区能够正常运转、接待游客，需要投入的人力、物力、财力的成本，包括景区服务人员的人工费用、管理费用（办公费、水电费等）、宣传与营销费用等。其中，宣传与营销费用能够显著影响社会对景区的认知。对于经营成本的负担，根据“谁受益谁付费”的原则，这部分成本应由进入景区消费的游客负担。

上述三大成本对游客的满意度有着直接的影响。根据研究，游客满意度受景区内部环境、卫生条件、景区设施、外部环境、景区服务、景区安全这几项影响，对比分析可以看到，影响游客满意度的因素全都与三大成本特别是与开发建设成本和经营成本有关（见表2-2）。

表2-2　旅游景区成本与成本分摊

成本构成	体现的因素	包含的费用	成本分摊主体
资源保护成本	资源价值、代际价值、环境价值、教育价值、文化价值、游客满意度等	防火费用、自然景区拆迁安置费用、防洪水利费、环境保护费、资源有偿使用费等	具有资源所有权的政府、社会捐赠、游客、资源依托企业、环境受益地区
开发建设成本	景区等级、景区面积、景区容量、景区盈利、游客满意度等	道路建设费、安全设施建设费、卫生设施建设费、设施维护费等	中央政府、属地政府、游客
经营成本	服务、营销推广、社会认知、游客满意度等	人工费用、管理费用、宣传费用、营销费用等	游客

资料来源：课题组整理。

当前景区门票价格混乱在很大程度上是因为对不同成本所体现的因素、成本分摊主体认识混乱和没有考虑成本效率所导致的，例如将资源或环境保护成本混同在开发建设成本之中。成本认识的混乱，使部分成本承担主体缺位，这必然导致景区的大部分成本需要由游客承担。另外，还有一点需要考虑到，开发建设成本以及经营成本在政府投资的企业投资时，由于“预算软约束”的影响，有投资不断扩大的趋势；在私人企业投资时，在垄断性和非完全基于成本加收益的定价机制下，也有着不断扩大投资、增加不必要成本支出的“冲动”。

（三）经济利益主体收费冲动的动态博弈

成本是定价的基础，即定价时必须考虑到投入成本及其效率，但成本并不是定价的全部。产权制度的安排决定了公共旅游景区的相关利益主体常常进行着博弈。可以说景区最后被确定的门票价格是在定价成本的基础上，经过市场中相关利益主体的动态博弈的结果。

围绕着旅游景区建立的旅游市场，由于存在一定的资源垄断与自然垄断以及信息不对称的特征，使市场上的供给主体与投资主体具有价格的决定权。作为资源所有权主体与监管主体的政府，由于行政分级产生了多重的委托代理问题，又因经济发展的责任冲动产生了“门票依赖”与“价格螺旋式上涨”的问题。作为信息交换与经营的旅行社等中介组织，由于行业不规范以及竞争不充分的原因，产生与供给主体合谋的现象。为了明晰旅游景区门票价格的形成，在分析定价成本的基础上，有必要对各个相关利益主体的行为目标与方式进行讨论。

第一，各级政府的行为目标与方式。由于政府有多个层级以及在旅游市场中具有多种职能属性，因此相关政府的行为方式是旅游景区收费问题中最为复杂的、也是最具有决定性意义的一个环节。政府在整个旅游市场中承担了多种职能。公有资源的全民所有但所有权虚置，使资源属地政府具有了所有权主体的职能；旅游景区资源垄断与自然垄断的性质使政府具有监管主体的职能；景区正外部性的准公共产品属性使政府承担了投资主体以及环境保护的职能。不同的职能具有一定的冲突性，应由不同的政府行使权力。但由于信息不对称，我国实行“属地化”管理模式，使得某些职能产生政府缺位的现象。从管理的角度说，多重职能集于一体必然要安排实现的先后顺序，这一先后顺序应根据政绩考核导向的转变和政府公共财力的充实与否来决定。随着经济的发展和政府公共财力的提高，这一先后顺序可以表现为具体的两类政府目标的转化（见图 2-2）。

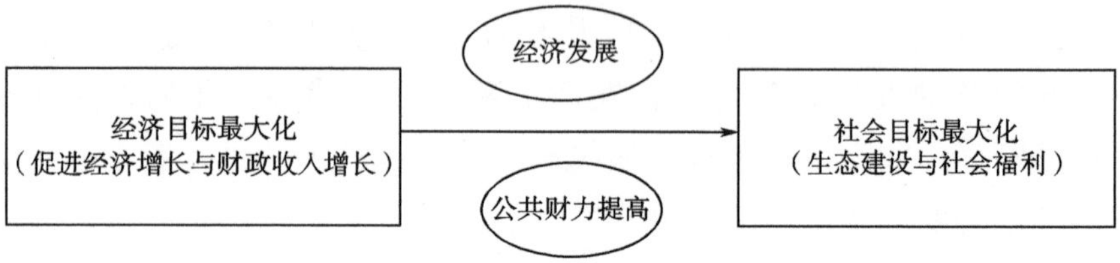

图 2-2　政府目标及其转化

第二，开发投资主体的行为目标与方式。由于财力的限制，公共景区的开发投资主体或为属地政府出资建设的投资公司，或为取得经营权的社会私人企业。在当前的政策环境下，不论资本来源属于政府还是私人，作为市场经济中的重要行为主体，企业的经营目标设定为利润最大化是合理的。在垄断与信息不对称的情况下，结合成本加收益定价方式，或者说投资回报率规制模式下，企业会出现过度投资的“A-J”效应，即企业不断增加投资，如盲目增加旅游项目、盲目扩大景区面积、不断升级景区级别的行为都是这种效应的具体表现。此外，对于政府出资建立的投资公司来说，国有景区投资企业还存在“预算软约束”，这进一步加剧了成本规模的扩大。因此，在利润最大化的目标下，企业行为的最终结果是开发建设成本不断增加，倒逼景区门票价格不断上涨。

第三，旅游中介的行为目标与方式。旅行社等市场中介组织作为市场经济主体，追求利润最大化是其实现经济利益最大化的重要方式。然而，在竞争不充分、政府监管缺位的情况下，旅行社在扩大合理收益的同时，与旅游景区形成了利益共谋，这表现为旅游景区提升门票价格，并给予旅行中介组织以较大的折扣。这种行为方式，一方面可以提高旅游景区的收益，同时也有利于中介组织的利润增加，特别是在经济发展较为落后的地区，旅游景区的市场营销能力不足，需要中介组织带来稳定客源。同时，旅行社当地化，对当地政府有益。因此，地方政府在获得价格管理权限后，理性的行为方式是主动缺位对中介组织的监管，这势必进一步加剧利益主体博弈的程度，加剧景区门票上涨的压力。

（四）社会参与差异化条件下的公共治理

首先，公共景区的正外部性表明景区所依托的资源的保护成果属于整个社会。根据国外经验，当一种行为的受益方是整个社会的时候，社会需要建立类似“社会捐赠的资金回流机制”，来保障资源在资金充分的基础上得到有效的保护。包括产业、财税、就业等在内的公共政策实际上都可以是一种将公共资源“内部成本”外部化的主要工具和途径。在经济转型和欠发达地区，这种政策和制度的设计安排将发挥重要作用。

其次，公共景区具有的垄断性使得需求端的影响力较弱，社会参与是形成合理的价格与管理模式的必要条件。有效的价格监督检查与价格听证制度是社会参与的两种重要形式。这两种制度能够有效地将消费者的支付意愿、支付能力等因素传导给供给方，并对供给方施加成本与价格上的压力，提高劳动生产率，促进供给与需求的平衡。

最后，对于公有资源的管理来说，由于市场失灵以及政府失灵的存在，市场与政府的结合需要有社会组织的参与，社会治理的能力和效率才能有所提高。公有资源的管理应该是一种“多中心的治理”模式，即市场、政府、社会三者的有机结合才能有效促进公有资源和公共景区的保护开发。

实践中，我国有关公有资源保护的“社会捐赠制度”没有有效建立，引导社会资金用于公益捐赠的法律法规和政策体系的影响和作用有限，资源保护成本只能完全由政府承担并向游客转嫁。价格监督检查与价格听证制度形式化现象严重，未能有效传导消费者的支付意愿与支付能力，未能形成成本压力。社会的协同治理缺乏群众基础，社会组织处于发育阶段，还未达到能够参与公有资源治理的程度。综合这些因素可以看出，我国公共景区的收费形成与收费管理缺乏社会参与的辅助作用，缺少了社会面因素的公共景区收费形成与管理模式的管理效果和效率将很难保障。

第三章　旅游景区收费体制研究综述

内容提要　公共景区产权性质、景区级别、管理体制、成本投入、产品属性、政府价格管理政策、行业环境、产业环境以及社会经济环境等因素是影响旅游景区门票价格的主要因素。从旅游景区收费定价实践来看，常用的定价方法有平均成本定价法、社会边际成本定价法、旅游费用法、两部制法和全成本资源定价方法。门票价格上涨既存在旅游景区保护、经营管理体制、景区发展和价格监管方面存在体制机制方面的原因，也存在景区垄断、供需失衡、成本攀升等市场和经济层面原因。应加强价格立法，完善体制机制，理顺价格形成机制，加强政府价格监管。

第一节　旅游景区概念及门票价格性质研究

一、旅游景区的定义及分类

依据不同的分类标准，旅游景区可划分为不同的类型（见表 3-1）。按照旅游景区资源性质，可将旅游景区划分为公共景区、准公共景区和私人景区。其中，公共景区是指以自然景观和文物景观等公共资源为依托的自然景观类景区和文物景观类旅游景区，包括世界遗产、风景名胜区、自然保护区、文物保护单位、森林公园、地质公园、历史文化名城等，不包括主题公园、人造景点、旅游度假区等开发型景区。公共景区具有独特性、高价值性、不可再生性、不可替代性等公共属性，其收费价格即狭义的门票价格是本研究关注的重点。

表 3-1　关于旅游景区分类的代表性研究

<table>
<tr><th>方法</th><th>分类标准</th><th>类　型</th><th>代表学者</th></tr>
<tr><td rowspan="2">两分法</td><td>旅游需求</td><td>短时巡游型旅游景区和长时聚集型旅游景区</td><td>C. Gunn</td></tr>
<tr><td>景区开发特征和功能</td><td>经济开发型旅游景区和资源保护型旅游景区</td><td>邹统钎（2004）</td></tr>
<tr><td rowspan="5">三分法</td><td>旅游资源特点</td><td>自然景区、文化景区和人造景区</td><td>E. Inskeep</td></tr>
<tr><td>所有权</td><td>国有景区、民营景区和私人景区</td><td>郭亚军（2014）</td></tr>
<tr><td>旅游资源性质</td><td>公共景区、准公共资源混合型景区、私人资源类景区</td><td></td></tr>
<tr><td>所有权</td><td>国有景区、集体所有景区与私人所有景区</td><td></td></tr>
<tr><td>旅游景区的性质</td><td>资源保护型景区、社会公益型景区和商业投资型景区</td><td>贾真真等（2008）</td></tr>
<tr><td rowspan="2">四分法</td><td>景区等级</td><td>世界级旅游景区、国家级旅游景区、省市级旅游景区和县乡级旅游景区</td><td></td></tr>
<tr><td>景区资源与目的</td><td>具有特定的自然环境；并非为吸引旅游者而建造的房屋、建筑群和场所，但吸引了游客参观访问；专门吸引游客并满足其需求的房屋、建筑群和场所；特许活动</td><td>J. Swarbrooker（2006）</td></tr>
<tr><td rowspan="3">五分法</td><td>旅游资源类型</td><td>文化景区、自然景区、节庆活动、游憩景区、娱乐景区</td><td>C. Coelder（2003）</td></tr>
<tr><td>世界遗产体系</td><td>世界自然遗产、世界文化遗产、文化与自然双遗产、文化景观遗产、口头语非物质遗产</td><td></td></tr>
<tr><td>景区综合评级</td><td>5A、4A、3A、2A、1A</td><td></td></tr>
<tr><td>其他</td><td>景区表现形式或管理</td><td>风景名胜区、自然保护区、森林公园、地质公园、水利风景区、文保单位、主题公园等</td><td>GB/T 17775—2003</td></tr>
</table>

资料来源：根据郭亚军（2014）、中华人民共和国国家旅游局（2016）整理。

二、旅游景区门票价格的性质

从我国《旅游法》的规定和旅游景区的定价实践来看，公共景区门票定价是社会关注的热点，也是政府对景区门票价格管理的重点。

公共景区门票价格有狭义和广义之分。狭义的门票价格是指旅游者为获取游览参观景点的权利向景区经营管理者支付的门槛费用。广义的门票价格是指包括景区内所有自然、文化、休闲、娱乐活动参与及与之配套的设施服务费用等（宁志中，2014；黄潇婷，2006）。黄潇婷（2006）认为，门票是公共景区准入制度，本质上是景区的一项管理工具。

作为由政府批准在旅游景区内向游客收取的专项规费形式（厉以猷，2002），旅游景区门票具有如下性质：首先，公共景区门票是国家委托旅游景区管理机构收取的，是国家行使景区所有权、收益权的一种表现形式，也是地方政府管理景区的有效手段；其次，公共景区门票是景区资源损耗的补偿方式，是游客对旅游景区环境影响的一种生态补偿；最后，门票是旅游景区正常运转的资金来源。尽管公共景区所有权归全民或集体所有，但由于政府对景区财政支持十分有限，所以景区只有通过收取门票来保障自身的正常运营和管理。

针对门票是旅游景区管理工具的观点，国外学者有不同的看法。Knapman 和 Stoeckl（1995）认为，提高门票价格对增加景区收入是行之有效的，但控制景区客流量的效果并不显著。Buckley（2003）认为，单纯运用门票价格作为管理的工具难以有效控制游客数量，保护景区资源，最好的办法是建立起一套合理、全面的景区管理制度。

第二节　旅游景区收费价格形成机制研究

一、旅游景区门票价格影响因素研究

门票价格形成机制是旅游景区收费体制研究的重点，为此，许多学者首先研究了影响旅游景区门票价格的因素，普遍认为门票价格受多种因素影响。从研究类型来看，对旅游景区门票价格影响因素多以定性研究为主，主观随意性很强；定量研究相对较少，且多依赖统计方法，影响因素的权重通常是通过专家打分或者调查咨询获得，也具有较强的主观性。纵观已有的研究成果（见表 3-2），可以看到，景区产权性质、景区级别、管理体制、成本投入、产品属性、政府价格管理政策、行业环境、产业环境以及社会经济环境等因素是影响旅游景区门票价格的主要因素。

表 3–2　关于影响旅游景区门票价格的代表性研究

<table>
<tr><th>学者</th><th>分类</th><th colspan="2">主要影响因素</th><th>研究类型</th></tr>
<tr><td rowspan="4">戴斌（1995）</td><td rowspan="2">关键因素</td><td colspan="2">旅游效用量</td><td rowspan="4">定性</td></tr>
<tr><td colspan="2">生产费用</td></tr>
<tr><td>正相关因素</td><td colspan="2">政治环境、经济环境、旅游偏好、所在地形象、企业营销推广、客源地准出状况、交通运输状况、相关企业产品质量</td></tr>
<tr><td>负相关因素</td><td colspan="2">同类企业竞争状况、相关企业价格、替代旅游产品、多级开发中的破坏、客源结构、语言风俗障碍、危险估计程度</td></tr>
<tr><td rowspan="2">马永立等(2000)</td><td>基本因素</td><td colspan="2">特色、规模、服务、盈利</td><td rowspan="2">定量</td></tr>
<tr><td>弹性因素</td><td colspan="2">市场物价浮动要素、淡旺季要素</td></tr>
<tr><td>杨正泰（2000）</td><td>—</td><td colspan="2">景区类型、政府价格管理、定价模式、客流量</td><td>定性</td></tr>
<tr><td>王永治等（2005）</td><td>—</td><td colspan="2">资源价值、服务价值、游客需求</td><td>定性</td></tr>
<tr><td>秦杨（2005）</td><td>—</td><td colspan="2">景区价值因素、旅游产品供需因素、景区旅游产品公益性因素、旅游者经济承受力</td><td>定性</td></tr>
<tr><td>黄潇婷（2006）</td><td>—</td><td colspan="2">景区级别、管理体制、产品类型、行业环境、景区面积、产业环境和社会经济环境</td><td>定量</td></tr>
<tr><td>余丹（2006）</td><td>—</td><td colspan="2">资源品位、成本投入、市场需求</td><td>定性</td></tr>
<tr><td rowspan="2">田勇等（2007）</td><td>基本因素</td><td colspan="2">资源品位、成本投入、游客满意度、市场半径</td><td rowspan="2">定量</td></tr>
<tr><td>弹性因素</td><td colspan="2">市场物价浮动、淡旺季、产品公益性</td></tr>
<tr><td rowspan="2">杨晓霞等（2007）</td><td>基本因素</td><td colspan="2">资源的等级、景点成本与投资回收期、景区旅游环境状况、环境容量、可进入性</td><td rowspan="2">定性</td></tr>
<tr><td>弹性因素</td><td colspan="2">游客数量与质量、游客心理、游客购买力等</td></tr>
<tr><td rowspan="3">卢润德等（2008）</td><td rowspan="2">内部因素</td><td>质量因素</td><td>景区等级、景区面积</td><td rowspan="3">定量</td></tr>
<tr><td>性质因素</td><td>管理体制、产品类型</td></tr>
<tr><td>外部因素</td><td>环境因素</td><td>产业环境、行业环境</td></tr>
</table>

续表 3-2

学者	分类	主要影响因素	研究类型
曹三强等（2007）	—	资源价值、成本投入、市场供求、景区性质和服务质量	定性
孙诗靓（2008）	—	资源等级、景区成本与投资回收期、旅游环境状况、市场半径、旅游产品准公共产品性质	定性
邹统钎等（2011）	—	资源类型、景区面积、地区经济及客流量	定量
高畅（2011）	—	旅游资源的评估价值，景区服务价值，旅游消费者的收入水平和心理承受能力	定性
刘立云等（2012）	—	成本、市场、顾客和公共物品属性程度	定量
李飞等（2013）	—	世界遗产、地级市郊区	定量
邹统钎（2013）	—	景区价值、景区性质、管理体制和国家政策	定性
毛彦斌等（2013）	—	利益相关者、景区发展阶段和景区功能属性	定性
洪鹏鹏等（2013）	—	旅游资源产权制度、相关法律制度不健全、景区管理体制、听证会、宏观调控	定性
蔡伟等（2014）	—	旅游景区质量等级、景区面积及其承载能力、景区的管理与开发成本、景区的经济环境与产业环境	定性
宋瑞等（2014）	—	经济发展水平、旅游发达程度、旅游消费能力、旅游产品类型、市场需求状况、景区资源属性、景区经营管理、相关利益主体、游客消费心理、景区的管理体制、资源级别	定量
殷敏等（2014）	—	市场行为和政府行为	定性
唐承财等（2014）	—	景区级别、景区面积、管理体制和产品类型	定量
张丽等（2015）	—	行业环境等	定量

资料来源：课题组整理。

二、旅游景区收费定价模型研究

学者们提出了基于成本的景区门票价格模型、基于景区价格构成因素指标评分模型、基于博弈论的旅游景区门票最优定价模型、基于旅行费用法（CVM）和游客支付意愿（WTP）技术的景区门票价格模型、基于政府干预的景区门票价格规制模型以及基于系统动力学方法的门票定价模型等六类主要的定价模型。

一是基于成本的景区门票价格模型，代表性研究有戴斌（1995）、郭志球等（2012）。戴斌（1995）对自然景区价格形成进行了研究，他根据景区成本的构成，构建出景区价格的理论模型，景区价格=（自然馈赠+历史馈赠+管理成本+人员工资+正常利税）×相关关系。郭志球和邓荣幸（2005）认为存在两类基于成本的门票定价模型，其中，第一类模型为：游览参观点门票价格=经营成本+税金+利润；第二类模型为：游览参观点门票价格=完全成本+资源价值+税金+利润。

二是基于景区价格构成因素指标评分模型，代表性研究有马永立等（2000）、田勇等（2007）和卢润德等（2008）。这类门票定价模型是在对门票价格影响因素及其内在关系分析的基础上，构建影响指标体系进行统计分析，是一种简单实用的定价方法。但是，这些定价模型高度依赖影响因素的识别和专家打分赋权，具有较强的主观随意性，得到的价格只能作为参考。例如，田勇等（2007）分析了构成旅游景区价格的基本要素和弹性要素，建立了旅游景区价格构成因素指标评分模型，即门票价格=资源品位+成本投入+游客满意度+市场半径。

三是基于博弈论的旅游景区门票最优定价模型，代表性研究有魏翔等（2007）和张明新等（2008）。公共资源型景区经营者、政府物价部门、旅行社及游客等利益主体间在景区门票的定价问题上存在博弈，这类定价模型重点研究了不对称信息下不同利益主体博弈时的最优景区门票价格制定问题。魏翔和邓州（2007）基于闲暇约束的博弈方法，研究了公共景区最优门票价格。张明新和姚国荣（2008）认为，处于委托人地位的旅游者由于信息劣势不能清楚地知道旅游产品的真实质量，处于代理人地位的景区管理者可能利用这些信息制定对他们有利的门票价格。

四是基于旅行费用法（CVM）和游客支付意愿（WTP）技术的景区门票价格模型，代表性研究者有庞林（2008）。该模型借鉴了环境经济学中对环境资源价值计量的方法，在价格形成中遵循主观效用决定论的范式。该模型建立在公众或游客对旅游景区价值评价的基础上，是国外研究国家公园、自然保护区门票价格的主流方法，但在我国主要用于对旅游资源游憩价值的评价，在旅游景区门票价格方面的相关研究较少。庞林（2008）从旅游者的视角分析了旅游资源价值构成，将条件价值法（CVM）技术和消费者支付意愿（WTP）结合起来，通过专家问询和个人经验制定门票价格区间，通过问卷调查旅游者的支付意愿，并根据相关问题权重计算景区门票价格。

五是基于政府干预的景区门票价格规制模型，代表性研究有吴文智等（2011）。该定价模型不仅为实施政府定价或政府指导价提供理论依据，而且有助于实现提高景区经营效率和维护公共利益的规制目标。吴文智等（2011）认为门票价格是一种行政定价和社会公益事业定价，所依据的应该是资源保护和公益性原则，而不是市场供需调节和旅游经济增长的需要，对现行公共景区价格偏高上涨过快问题，政府应进行价格上限规制。门票价格上限规制模型是一种具有较强激励性的价格规制方法，不仅能通过对价格水平的限制维护公众利益，而且能为景区经营企业降低成本、提高效率提供激励。

六是基于系统动力学方法的门票定价模型，代表性研究有刘立云等（2012）。旅游景区门票定价系统具有动态性、多参与者、多因果反馈等特征，这些特征使得门票定价问题成为一个复杂的系统问题。刘立云等（2012）通过对影响景区门票的因素进行补充和修正，构建一个具有反馈机制的多目标景区门票定价系统动力学模型，将经济数据代入模型，通过计算机技术仿真，最终得出动态的景区门票价格。

三、旅游景区收费定价主要方法研究

从旅游景区收费定价实践来看，常用的定价方法有平均成本定价法、社会边际成本定价法、旅行成本法、两部定价法和全成本资源定价方法（见表 3-3）。前两种属于主体效益导向或成本导向的定价模式，后三种属于市场导向的定价模式，它们的理论依据不同，考虑的因素也有所不同，各有优缺点（何承耕等，2002；高兴佑等，2015）。

表 3-3 旅游景区门票定价主要方法比较

定价方法	含义	优点	缺点
平均成本定价法	平均成本定价法是在给定市场需求曲线和景区平均成本曲线的情况下，根据两条曲线的交点确定产品价格的方法。是在保持提供公共物品的景区对外收支平衡的情况下，尽可能使得社会福利最大化的一种定价方式	①有较好的可操作性，既节约开支又便于监管；②可以保证供给部门的收支平衡；③可以兼顾生产者和消费者双方的利益	①考虑的影响因素较少，在某些平均成本和景区质量差距较大的景区，该定价方法不能反映景区本身的资源价值和内部服务水平，使用该定价法会损害消费者的利益；②价格高于边际成本，导致景区资源的使用率低于有效的水平
社会边际成本定价法	社会边际成本指增加生产单位产品时社会所需付出的费用或代价。社会边际成本定价法决定的景区门票价格综合反映了凝结在自然资源上的人类劳动价值与自然资源的生态经济价值	兼顾各方利益，考虑了资源使用所付出的环境代价及后代人或者受害者的利益，实现了效率与公平并重的资源配置目的	①测算边际使用者的成本和环境成本较困难，没考虑资源本身的因素，操作性不强；②旅游者承担了经营者需承担的社会成本，有失公平性
旅行成本法	旅行成本法是指通过旅游者的旅行成本间接制定景区门票价格的一种方法。该方法把景区的旅游价值看作旅游者接受景区服务的支付意愿	①综合考虑了景区的价值和市场需求，真实反映出景区的市场价值；②数据收集比较简单	①受游客对景区价值了解程度的影响，消费者剩余的计算结果一般比实际偏小；②得出旅游价格需求曲线比较麻烦

续表 3-3

定价方法	含义	优点	缺点
两部定价法	两部定价法是由两种要素构成的定价体系，把景区门票价格分为固定费和从量费两部分。固定费是按通常情况下消费者人数计算的平均固定成本，与消费数量无关；从量费根据边际成本等于边际效用原则来定，与消费数量有直接关系	兼顾了固定成本和变动成本，有助于实现景区收支平衡	①景区消费存在效率损失；②影响收入分配，不利于实现社会公平
全成本资源定价法	该方法又称为价格构成分析法，依据该方法，门票价格由两部分构成：第一部分是景区自然资源本身的价值，即没有人类劳动参与的天然产生的价值；第二部分是基于人类劳动所产生的那部分价值	兼顾了景区成本与利润，综合考虑了各方面的因素，有利于实现风景区的收支平衡	①未考虑消费者的利益；②部分因子难以测算，定价的主观性较强，操作不精确

资料来源：课题组整理。

一是平均成本定价法。该方法是最常用的门票制定方法（何承耕等，2002；高兴佑等，2015）。旅游景区的特点是建设成本高、经营成本较低，具有一定的自然垄断性。如果实行边际成本定价，尽管可以实现社会福利最大化，但景区运营主体可能出现亏损，因此，需要国家进行补贴。而平均成本定价可以保证景区运营主体实现盈亏平衡，回收投资成本。该方法可以兼顾生产和消费双方的利益，既最大限度地保护旅游者的应有权益，又保障景区开展正常经营活动。

该方法本身具有较好的可操作性，既节省开支又利于监管。然而，旅游景区不是一般生产企业，用此方法定价考虑的影响因素比较少，只考虑了平均成本，在一些平均成本与景区质量差距较大的地区，这种定价方法不能反映景区本身资源价值和内部的服务水平，此法的运用无疑会损害消费者的利益。

二是社会边际成本定价法。旅游景区作为一种珍贵的自然资源，可以应用社会边际成本定价法（何承耕等，2002）。社会边际成本定价法所决定的自然资源价格是凝结在自然资源上的人类劳动价值和自然资源生态经济价值的综合体现。社会边际成本是指社会为增加生产一单位的产品所需要付出的费用或代价。社会边际成本由边际生产成本、边际使用者成本、边际环境成本三部分构成，其中，边际生产成本是获取自然资源所必须支付的生产成本，如原材料、劳动力、工资和设备等；边际使用者成本是现在使用资源而不是留给后代使用所产生的成本，突出了资源价格受自然资源稀缺性的影响；边际环境成本代表因自然资源的利用和开发所造成的全部环境损失。

该方法从理论上反映了收获利用单位自然资源全社会所付出的全部代价，弥补了传统的定价方法中忽视资源利用所付出的环境代价以及后代人或者受害者利益的缺陷。

三是旅行成本法。该方法最早应用于环境服务价值评估，是通过游客旅行成本来间接推断旅游景区价值的一种方法（何承耕等，2002）。用该方法来制定门票价格，是把旅游景区的旅游价值看作是人们接受景区服务的支付意愿。具体而言，旅行成本法是通过对游客旅游的成本资料、景区游客统计资料和诸如人口等社会经济学统计资料的收集，从而得到旅行成本与旅游率之间的旅游经验曲线。

该方法可以综合考虑景区价值和市场需求，真实地反映景区的市场价值，数据的收集比较简单，但是旅游价格需求曲线的得出比较麻烦，而且由于旅行成本法本身受各出发点居民对景区的价值了解程度的影响，因此，核算的消费者剩余一般比实际小。

四是两部定价法。两部定价法由两部分组成：一是游客参观景区或获取某种服务的使用权而支付的固定费用，这部分费用与消费数量无关；二是与消费数量直接相关的使用费（何承耕等，2002）。当游客有多种类型时，景区一般会设计出不同类型的两部制价格，以实现激励相容，来满足不同类型旅游者进行自我选择的需要。

对于高需求的旅游者类型来说，由于购买数量比较大，较低的门票定价方式是其更乐意接受的；而对于低需求的旅游者类型来说，由于购买数量不大，或只是偶尔购买，则门票价格高些他们也能接受。在收支平衡条件下，两部收费制实现了经济利润最大化，符合有效定价原则。

五是全成本资源定价方法。该方法是建立在综合效用论、劳动价值论和地租论的基础上的自然资源的定价方法（李金昌，1991）。依据该方法，旅游景区自然资源的价值包括两部分：一部分是指未经人类劳动参与的天然存在的自然资源本身的价值；另一部分是指基于人类劳动所产生的价值。

四、旅游景区门票价格形成机制及优化研究

旅游景区门票价格形成机制是复杂且分层次的，门票价格不能依据单一因素导向来确定（黄潇婷，2006）。吴幕林等（2003）认为，制定和调整旅游景区门票价格必须以其内在价值为基础，既要考虑实际投入，更要注重资源价值等无形资产，还要兼顾知名度或品牌效应。此外，还应考虑市场供求和旅游全产业链综合发展的要求。柏宁等（2008）认为，资源脱离型旅游产品的价值应该主要取决于投入的社会必要劳动，而资源依托型旅游产品的价格形成应基于旅游对象物本体及社会对其所赋予的旅游价值两个层面。广东省物价局课题组（2006）认为，根据旅游景区类型和性质的不同情况，价格形成机制也有所不同，可以实行政府定价、政府指导价、市场调节价；根据投资主体的不同，对由政府投资兴建、维护、管理的全国和省级重点文物保护单位、风景名胜区和自然保护区实行政府定价或政府指导价，属于商业投资的一律实行市场调节价。严泽民（2010）通过对我国旅游景区价格形成机制进行探讨后提出，要理顺管理体制，实行管理权与经营权分离；加强政府各方职责，深化景区门票制定规范化管理；建立灵活、科学的景区门票价格体系；转变经营方式和经营理念，实现景区的价值双赢。宁志中（2014）认为，旅游景区门票价格形成机制实际上是景区管理体制问题，应该从以下方面优化旅游景区门票价格管理体制：扩大减免范围；降低景区管理成本；完善景区造血补血机制；创新门票市场化机制以及规范门票价格变动监管。

第三节　旅游景区门票价格高涨的成因及对策研究

一、旅游景区门票价格上涨的成因研究

近年来，部分公共景区门票价格纷纷上涨，引起社会和学界的广泛关注。许多学者对门票高涨的原因进行深入分析，大致有产业发展不成熟说、垄断说、成本说、供求说、体制机制说、价格管理政策说等流行观点（见表 3-4）。可以看到，学者们对景区门票上涨的成因众说纷纭，也反映了门票价格上涨成因的复杂性。总的来看，门票价格上涨既有旅游景区保护、经营管理体制、景区发展和价格监管方面存在的体制机制方面原因，也有景区垄断、供需失衡、成本攀升等市场和经济层面原因。

表 3-4　关于旅游景区门票价格上涨成因的研究

研究者	核心观点	主要内容
徐升艳等（2006）	产业发展不成熟说	徐升艳等（2006）基于旅游产业和国民经济的宏观视角，选取了国家有关管理机构、宏观管理体制、旅行社、旅游景区产品和游览者五个指标，在分析这些因素对门票价格上调的影响后指出，门票价格上调的最根本原因是产业的不成熟造成的。产业不成熟具体表现为以下几个方面：宏观管理体制不完善，没有强烈的市场意识，在景区经营过程中存在垄断性的心理；各个地市的旅行社相互之间进行混乱的价格竞争，不正当的操作手段，使旅游者对景区的游览感受大打折扣；旅游景区多头管理，错综复杂，各个主体存在利益冲突加剧了景区的经营成本；旅游者在游览过程中参与性、体验性项目少，单纯的观光项目居多
王华等（2008）、宋子千（2014）	垄断说	王华等（2008）认为景区门票价格上调的主要原因在于其垄断性，旅游景区的完全垄断性质是由其本身所拥有的旅游资源体现的，这种自然垄断的景区以风景名胜区和人文类旅游景区等为典型；宋子千（2014）从博弈论的角度分析了旅游景区资源是垄断性资源，其独特性决定了它具有完全垄断的价格优势

续表 3-4

研究者	核心观点	主要内容
曹国新（2005）	成本说	曹国新（2005）认为景区不断上调门票价格的压力来自景区经营成本的持续增加。曹国新以世界遗产景区为例，认为其门票价格上涨主要来源于两方面：一方面是景区经营目标收益的最大化；另一方面是经营成本的不断增加
高书军等（2002）	供求说	高书军等（2002）从供求关系的角度分析了旅游景区的门票价格会随着旅游收入弹性系数而不断改变，当其系数大于 1，景区门票价格上调势在必行
胡子龙（2013）、宁志中（2014）	体制机制说	胡子龙（2013）认为，门票价格上涨的根本原因在于中国景区管理体制存在缺陷，景区过度依赖门票收入是门票价格上涨的直接原因，而客观上的供给严重不足成为门票价格上涨的主要原因。宁志中（2014）认为，体制机制不顺是造成门票价格上涨的主要原因
陈芸等（2006）	价格管理政策说	陈芸等（2006）认为，中国景区门票价格上涨的根本原因是旅游景点性质界定和定价指导两方面的问题

资料来源：课题组整理。

二、旅游景区门票价格管理的对策研究

为破解门票价格上涨矛盾，学术界从引入竞争机制、转换景区经营模式、完善体制机制、加强景区门票价格监管、优化门票价格形成机制等角度开展了大量研究，既有针对所有景区定价方法的普适性研究，也有具体的个案研究，在强调完善体制机制、强化价格听证制度和延长旅游景区产业链条等方面基本达成共识。

李宁（2012）认为，应通过引入准市场的竞争机制和完善价格听证机制来实现旅游景区门票定价合理化。许峰等（2010）与耿松涛（2012）认为，理顺门票价格应着重理顺景区管理体制，转变景区经营管理模式，建立规范的价格调整制度，发挥门票价格杠杆作用，加快发展旅游经济。胡子龙（2013）与毛彦斌等（2013）则认为控制门票价

格上涨要注意完善法律法规体系和景区门票价格制度、充分延伸旅游产业链、公共景区实行免票、对景区分级分层定价。袁昆昆（2013）从法律、行政、技术、经济和教育五个层面提出实现门票定价合理化的主要策略，并强调国家和地方政府的作用最为关键。宋瑞等（2014）认为解决景区门票价格问题需理顺政府与市场、中央与地方、不同政府部门之间的关系。刘卫东等（2013）从顶层设计和规制的角度，指出应强化宏观规制，调整直接规制和经济性规制，强化间接规制和社会性规制。傅生生（2014）认为，优化旅游景区门票的主要对策包括适当调整假期、缓解旅游景区压力、完善旅游景区门票价格监管水平和预警机制、健全门票价格调控机制等多个方面。

还有部分学者针对具体的旅游景区提出相应的门票定价对策。例如，韩长发等（2006）、唐承财等（2014）、蔡伟等（2014）、张丽等（2015）、苗银家（2016）等学者分别对杭州市、北京市、扬州西湖和杭州西湖、苏州乐园等旅游景区门票定价进行研究，提出了加强价格立法、完善价格听证会等具体对策建议。

第四节　旅游景区收费体制相关问题研究

除上述内容外，学者们还研究了旅游景区所有权与产权、经营权与经营模式、管理体制、门票价格监管等内容。

一、旅游景区所有权与产权研究

谢茹（2006）认为，公共景区特别是绝大部分风景名胜区资源都归国家所有，这是源于我国效仿苏联的自然资源产权制度，政府代表国家行使自然资源的所有权，成为自然资源的供给者和所有者。但是，当前我国公共景区以及公共旅游资源的所有权存在虚置问题，缺乏一个真正行使所有者权能的人格化主体（杨瑞芹等，2004），从而造成旅游景区收费体制存在多层次委托代理管理。

二、旅游景区经营权与经营模式

大多数学者认为公共景区及公共旅游资源的产权具有可分解性，在预算约束刚性的情况下，所有权和经营权分离不仅可行而且必要，资源所有权与经营权分离并不涉及产权性质的改变，只是一个具体运作方式的问题（谢茹，2006；胡敏，2003；谢茹，2004）。然而，公共景区以及公共旅游资源经营权作为一种资本化的财产权，在转让中存在“真空地带”，缺乏法律制度对转让主体、转让对象、转让价格、转让方式及程序、转让后监督与资源保护等相关制度的约束（郑向敏，2005），因此，必须界定好经营权转让过程中的权、责、利关系。

由于公共景区具有多元化的利益主体和多样化的利益需求，其经营模式的选择与运用也各有差异。此外，旅游景区资源性质、内容以及等级不同，经营模式也可能产生较大的差异。从实践来看，公共景区经营模式包括政府专营或国有国营、国有民营、多种所有制并存以及现代企业制度等多种经营模式（史文斌等，2005）。

三、旅游景区管理体制研究

我国旅游景区管理体制存在“产权转移派”（王兴斌，2002）和“国家公园派”之争（张晓，1999）。前者认为，文化与自然遗产资源属于一种经济资源，可以按照市场方式推动遗产在有限财政约束下的开发、保护与经营，并提出了“所有权与经营权分离”“所有权、经营权、管理权、监督权分离与制衡”“一区两制”“一套班子、两块牌子”“遗产资源包装上市”等体制改革思路。后者则强调了文化与自然遗产资源的非经济价值，认为“产权转移”会导致遗产资源破坏，推崇美国遗产管理的“国家公园体制”。

张晓（2005）认为，我国世界遗产及国家重点风景名胜区现行的分权化属地管理并不有效与适用，更宜采取集权的保护管理体制，以体现国家利益而非地方利益。现行国家自然文化遗产管理模式难以为继（王兴斌，2002），应继续进行改革（张晓等，2001）。

在旅游景区管理体制改革方案上，存在两种认识：一是借鉴西方国家经验，设立国家公园管理局对全国遗产资源实行自上而下的垂直管理（杨锐，2001）；二是建立多位一体的“属地管理体制”，使资源保护职能内在化、资源产权一体化（张昕竹，2000）。

四、旅游景区门票价格监管研究

王红（2011）重点分析了我国公共景区政府监管的历程和特征，指出中国公共资源依托型旅游景区（点）政府监管变迁的规律及未来趋势，她认为，改革开放以来，我国公共景区政府规制大体可分为三个阶段：加强资源保护的规制建立阶段（1978—1984 年）；完善资源保护的规制强化阶段（1985—1998 年）；促进资源保护与开发协调发展的规制完善阶段（1999 年至今）。王红总结指出“规制变迁的动因是资源经济价值的日益凸显、政府规制变迁的瓶颈是资源‘所有权’与‘经营权’的合法分离”两大政府监管变迁的规律，以及“更加关注景区（点）资源的社会价值、法律上界定资源所有权与经营权之间的关系”两大趋势。刘卫东等（2013）概括了我国旅游景区政府价格规制的两大特征：以直接规制为主，间接规制为辅；以经济性规制为主，社会性规制为辅。继而指出，我国旅游景区价格规制过程中存在“政府规制的可操行性有待增强、门票价格的放松规制亟待重视、公益性规制目标有待全面落实、价格信息不对称规制有待加强”四方面问题。刘文彬（2014）认为，由于信息不对称、市场机制缺陷、外部性和公共产品特性，使我国旅游景区门票价格管理出现监管失灵。胡立多等（2016）认为应该通过完善法律法规，构建合理的门票价格形成机制，加强对价格监管行为的监督，完善价格听证会制度来提升门票价格监管效能，解决门票价格监管失灵。

五、研究评述及展望

从已有的研究可以看出，关于旅游景区门票价格的学术研究成果数量较多，内容较全面，几乎涵盖了旅游景区门票价格管理的绝大部分问题。具体来看，学术界集中研究的对象包括旅游景区门票价格形成机制、旅游景区门票上涨的成因及对策、旅游景区管理体制等。从研究结论来看，学者们普遍认为，国内景区门票价格上涨是多种原因造成的结果，应加强价格立法，完善体制机制，理顺价格形成机制，加强政府价格监管。

总体来看，学术界在紧密跟踪中国旅游景区门票定价和管理方面的突出矛盾的同时，探索了各类定价模型和定价方法，深入剖析了成因，进而提出相应的对策与建议，增强了我们对旅游景区收费体制相关问题的认识。

尽管如此，关于旅游景区收费体制的理论和政策研究仍滞后于实践。特别是对于分类推进旅游景区门票价格形成机制改革，形成合理的门票价格体系，以及完善旅游景区收费管理体制等当前旅游景区管理过程中迫切需要解决的问题，学术界尚未进行深入研究，提出的对策往往缺乏针对性和可操作性，实际的指导意义和参考价值非常有限，因此，迫切需要深化对旅游景区收费体制相关问题的研究。

第四章　旅游景区收费体制的历史变迁和深层矛盾

内容提要　我国公共景区收费体制大致经历了三个阶段：改革开放以前的探索阶段，1979 年至 20 世纪 90 年代后期的规范化阶段以及 20 世纪 90 年代以来的管理重塑阶段。各地公共景区进行了经营模式的多样化尝试，公共景区价格管理方式和价格形成机制发生深刻变化。主要问题包括景区收费管理上片面追求经济利益，比价关系和定价结构无序失衡；景区门票定价依据不明确，门票定价机制不规范；景区异质性加大价格管理的难度，监管的实际效果难以保证；门票收支管理不规范，资金逆向流动与错配循环并存；不正当竞争手段泛滥，价格监督手段和措施力度不够等。旅游景区收费问题的制度性成因主要包括特定利益共同体成为收费上涨的重要推手；地方公共财力缺乏补偿机制；公共产权约束下管理效率低下；旅游景区收费体制改革面临的深层次矛盾和困境，基于全民利益的公共景区指导思想和功能定位没有真正树立，公共景区收费面临多目标约束下的选择困境，公共景区收费体制受到市场利益驱动与财政补偿不足的双重影响，部分景区门票价格信号失真或紊乱，经济结构单一导致的门票经济困境与公益性目标的内在冲突。

第一节　旅游景区收费体制的沿革变迁和政策体系

一、旅游收费的渊源考证

从官方典籍和稗官杂记记载来看，景点收费历史可追溯至唐宋时期。明代张岱的《陶庵梦忆》记载的“己巳，致曲阜谒孔庙，买门者门以入”，是已知最早的有关景点收费的记录，且从孔庙在封建社会的地位来看，孔庙收费可能是官方行为。《徐霞客游记》也记录了一些知名景点的收费情况。

古代典籍还记录了景点优惠政策。清康熙二十三年（1684 年）《虞初新志》一书中有孙嘉全《南游记》的记载：“途中欲望东岳……欲上，士人曰：不可，山顶有娘娘庙，领官票，而后得入，票银二钱，曰：口税。”这个就是明确提及官方性质的门票收费了，门票是纳税的凭据，是一种政府行为。

1924 年，北京颐和园正式被辟为公园，并开始售票，进大门收大洋一元二角，个别景点另收费，全部游完需大洋二元五角。这在当时相当于一个普通老百姓大半个月的收入。

二、我国旅游景区收费体制的沿革与变迁

新中国成立以来，随着行政体制变迁和市场化改革进程的推进，我国公共景区收费体制大致经历了三个阶段：改革开放以前为探索阶段，我国公共景区收费管理不成体系，景区归国家所有，并由国家统一管理；1979 年至 20 世纪 90 年代后期为规范化阶段，我国开始建立公共景区行业管理和价格管理体系；20 世纪 90 年代以来进入管理重塑阶段，各地公共景区进行了经营模式的多样化尝试，公共景区价格管理方式和价格形成机制发生了深刻变化（见表 4-1）。

第一阶段是改革开放以前的探索阶段。这一阶段，我国公共景区行业管理、经营模式以及价格管理主要是采用苏联模式。绝大部分公共景区发展处于放任自流的状态，多为闲置或毁坏，只有部分景区用于外事活动。行业管理上，采取行政化管理方式；经营上，采取国有国营的依附式经营模式；价格管理上，实行内外有别的甲种、乙种两类门票价格管理政策。[①]

---

① 当时，对境内游客来说，旅游景区一直被认为是社会福利事业，采取的是政府投资的低门票价格（乙种门票）政策。而对于外宾、华侨等境外游客来说，采取的是相对来说较高的门票价格（甲种门票）。

表 4-1　公共景区收费体制总体演进历程

时间阶段	主管部门及特点	经营模式	价格主管部门	价格形成机制
探索阶段（20 世纪 50 年代至 1979 年）	地方政府；行政化管理为主	国有国营	地方政府；属地管理	政府定价；甲种、乙种两类门票价格
规范化阶段（1979 年至 20 世纪 90 年代后期）	中央和地方政府+景区管理机构；事业单位管理为主	事业单位 + 国有企业经营	中央和地方政府价格主管部门；垂直 + 属地管理	政府定价；继续实行甲种、乙种两类门票价格，1996 年后并轨
管理重塑阶段（20 世纪 90 年代后期至今）	中央和地方政府+景区管理机构；事业单位管理为主	企业化经营模式和非企业化经营模式并存，存在租赁、上市、特许等经营模式	各级地方政府价格主管部门；属地管理	政府定价和政府指导价

资料来源：课题组整理。

第二阶段是改革开放以后至 20 世纪 90 年代后期的规范化阶段。这一阶段，伴随我国经济市场化转型，公共景区行业管理体制、经营模式和价格管理政策都开始调整。行业管理上，逐步形成了中央和地方政府相关职能部门分级、以事业单位为主导的体制；经营上，采取事业单位和国有企业为主体的经营模式；价格管理上，国家相继将 20 个重要旅游景区的甲种门票价格管理权限上收到中央，其余旅游景区继续实行属地管理，1996 年 12 月，依据《国家计委关于旅游参观点甲乙两种门票价格实行并轨的通知》，全国旅游景区甲乙两种门票实现并轨。

第三阶段是 20 世纪 90 年代后期至今的管理重塑阶段。这一阶段，随着我国社会主义市场经济体制初步建立和改革不断深化，公共景区行业管理体制、经营模式以及价格管理政策发生深刻变化。行业管理上，形成了中央和地方政府以及相关职能部门条条块块的管理体制，经营上，出现了企业化经营模式和非企业化经营模式并存，以前者为主导的格局；价格管理上，2000 年 8 月和 9 月，原国家计委分两批将中央定价的故宫、颐和园等 20 个国家级特殊游览参观点门票定价权下放到省级价格主管部门，至此我国所有景区定价管理均实现了属地化。

三、旅游景区门票价格政策体系

一是在管理上体现社会效益、环境效益和补偿服务价值的定价原则。《旅游法》和《价格法》明确规定，中央和地方价格管理部门负责旅游景区门票价格的管理。《游览参观点门票价格管理办法》和《旅游法》等相关法律法规规定，除商业性投资所建的景区外，依托公共资源建设的自然风景区、历史人文风景区、自然保护区、公园、博物馆、文物古迹等旅游景区门票价格和景区服务价格（含索道、环保车费、游览观光车、导游讲解费）由地方政府实行属地化管理。

二是在定价上实行分级管理、比价合理原则。从各省实际执行来看，对于旅游景区门票及相关服务价格管理，既有实行省市县（区）三级管理体制的，如湖南省和安徽省，也有实行市县二级管理体制的，如浙江省。旅游景区门票价格管理，保持合理比价关系的政策，应统筹好社会效益、环境效益和经济效益，保持价格水平合理稳定。

三是实行一票制或联票制，并按季节和对象进行差别化收费，但不得实行客源地歧视和强制性捆绑销售。《游览参观点门票价格管理办法》《旅游法》等规定，除了特色参观点外，旅游景区门票实行一票制或联票制，并按照景区性质制定淡旺季、月（季、年）票，同时对学生、老年人等群体或团队执行优惠票价，在出售门票的同时不得捆绑销售；将不同景区的门票或者同一景区内不同游览场所的门票合并出售的，合并后的价格不得高于各单项门票的价格之和，且旅游者有权选择购买其中的单项票。

四是门票价格制定和调整时要进行景区门票价格成本监审和价格听证，并严格执行明码标价。《旅游法》《政府制定价格成本监审办法》等法律法规在程序上对依托公共资源建设的旅游景区门票及相关服务价格制定和调整有着明确规定。

第二节　旅游景区收费体制存在的主要问题及成因

一、旅游景区收费体制存在的主要问题

1. 景区收费管理上片面追求经济利益，比价关系和定价结构无序失衡

一方面，部分景区门票价格“贵得离谱”。在景区管理权限下放后，地方政府在景区发展过程中起主导作用，作为利益相关者，有动机和能力来说服景区价格主管部门提升门票价格，造成门票价格上涨压力较大。加上景区、旅行社等不同市场主体的利益协同和市场需求的刚性增长，景区门票价格上涨过快，特别在欠发达地区或经济结构单一的地区尤为明显。总体来看，景区门票的平均水平或者遗产类景区门票的绝对水平都明显偏高。

另一方面，门票价格比价关系和定价结构“乱得出奇”。由于受财政能力约束，很多地方政府将景区门票收入列入当地财政，再加上景区运行维护资金投入不足，本身造血功能较差，导致地方政府和景区有很强的动力加强景区资源开发利用，倾向于不断提高门票价格，“搭车收费”，不断获取其他收入。例如，景区门票价格构成除成本、资源价值、税金、利润等基本要素外，部分地方政府将价格调节基金、旅游发展基金、资源有偿用费、机场建设费、宣传促销费用等计入门票价格，导致不同地区的景区门票价格构成存在较大差别，表 4-2 中的运营成本不到门票价格的 50%。

表 4-2　2016 年某核心景区门票价格构成　（单位：元/人）

序号	项　目	受益主体及额度	旺季普通票价		淡季普通票价		年票
			普通	优惠	普通	优惠	
一	大门票		180	95	90	54	218
1	景区运行成本	属地区政府、管理局	71	40.5	35.5	26.75	107
	其中：IC 卡及维护成本	景区一卡办	5	5	5	5	5

续表 4-2

序号	项　　目	受益主体及额度	旺季普通票价		淡季普通票价		年票
			普通	优惠	普通	优惠	
2	防洪水利建设费	某水利公司	2	1	1	0.5	2
3	基础设施建设费	市政府 32 元（年票 34 元）、属地区政府、管理局	61.5	30.75	30.75	15.375	63.5
4	峪园公路建设费	市政府平台公司	7	3.5	3.5	1.75	7
5	资源有偿使用费	市政府 22.5 元，属地区政府、管理局	36.5	18.25	18.25	9.125	36.5
6	旅游发展基金	市政府	2	1	1	0.5	2
2—6 项小计			109	54.5	54.5	27.25	111
二	环保车		65	65	46	28	80
1	运行成本		60	60	43.5	26.75	75
2	区、局手续费	属地区政府、管理局各 1 元	2	2	1	0.5	2
3	资源有偿使用费	市政府	2	2	1	0.5	2
4	旅游发展基金	市政府	1	1	1	0.25	1
合计			245	160	136	82	298

资料来源：课题组根据地方资料整理。

2. 景区门票定价依据不明确，门票定价机制不规范

由于景区类型多样，仍有一些地方价格管理部门没有出台旅游景区门票定价的实施细则，没有明确公共景区的定价依据和定价方法。全国统一的门票价格定价依据的针对性和时效性不够，尚未确定统一成本核算办法、门票价格营运成本构成项目范围和计价方式，缺乏价格协调机制，导致部分地方制定游览参观点门票价格时随意性较强，存在门票价格定位和比价不合理的情况。此外，全国层面上缺乏统一的景区成本监审规则。《政府制定价格成本监审办法》（国家发展改革委 2006 年第 42 号令）规定过于原则化，既没有成本的规范标准，也没有行业公认的成本规则，更没有涉及旅游行业的量化规范，缺乏可操作性和约束力。

3. 景区异质性加大价格管理的难度，监管的实际效果难以保证

考虑到公共景区的等级、性质及核心资源的不同，如果景区门票价格管理实行“一刀切”的办法，不利于旅游景区依据自身特点和实际情况开展旅游资源保护和利用，同时，价格管理部门也难以实现管好管细管精的目标。实行一票制在一定程度上起到了规范门票价格行为、节约政府和景区管理成本的作用，但也造成其与景区相关旅游产品和项目多样化、旅游者需求差异化和消费者异质性特征不相适应，可能迫使部分旅游者被捆绑消费部分旅游项目，增加其负担。对于部分低价的公益性旅游景区，在其定价过程中严格按照程序进行成本监审，可能会增加景区负担和政府行政成本。

4. 门票收支管理不规范，资金逆向流动与错配循环并存

绝大部分世界自然文化遗产和风景名胜区等旅游景区缺乏稳定的中央和地方政府投入渠道，景区大部分人头费、办公费、资源费、基础设施建设经费完全或主要依赖景区收入。由于景区门票收入的支出方向和用途，法律没有明文规定，出现了将世界自然文化遗产和风景名胜区等旅游景区门票收入纳入企业经营收入和地方财政的做法，并且在财务收支上都没有将门票收入全部用作景区管理和资源保护的经费。

5. 不正当竞争手段泛滥，价格监督手段和措施力度不够

一方面，景区门票价格不正当竞争的突出表现是存在高回扣、捆绑销售、无明码标价等涉嫌垄断、妨碍市场正当竞争的价格行为。近年来，随着旅游市场竞争加剧，为争夺客源，部分旅游景区竞相给予旅行社高额回扣，造成恶性价格竞争行为较突出；另一方面，由于旅游者、价格主管部门与景区经营者之间存在信息不对称，旅游者和价格主管部门很难掌握景区经营管理者的开发建设和保护成本信息，也难以准确识别景区经营者不正当价格竞争行为，现行的定价成本监审规则、价格听证会制度等监督监管措施很难有效规制景区经营管理者的行为。

二、旅游景区收费问题的制度性成因

景区收费中出现的种种不良现象是由于收费体制存在种种不完备之处，更是源于我国治理体制中深层次的制度性问题。景区收费高涨的背后

是景区与地方政府结成利益共同体，而地方政府种种不当行为的背后，既是财政分权体制下追求利益最大化的必然选择，也是财力不足、事权过多情况下的无奈之举。

1. 特定利益共同体成为收费上涨的重要推手

景区管理权下放地方后，景区与地方的利益共同体开始形成。调研中相关部门反映，景区收费上涨背后的推动力量中，80%～90%可归因于地方政府，特别是一些由市、县领导“亲自抓”的景区。景区票价通常由地方政府定价或确定涨幅，然后交由价格部门论证。价格主管部门碍于地方政府的利益诉求，不管景区运行成本是否增加，都会尽可能满足旅游景区提出的调价方案。推动景区收费上涨的动力主要来自两方面：

一是回收景区建设开发投资。近年来，为壮大旅游经济、促进经济增长，地方政府投入巨额资金进行景区建设和保护，留下了较大的资金缺口，因此需要通过提高景区门票价格及相关服务价格，以回收投资成本。例如，中部某省的旅游大市财政自 2011 年以来共投入 53 亿元用于景区建设保护和融资付息，到 2016 年底，该区融资债务余额已达到 48 亿元，还本付息压力很大。在一些地区，由于地方政府缺乏资金和运作能力，为加速景区建设，往往由政府通过招商引资，引进外界资本对景区进行投资、包装和管理，景区收入在地方政府与民营资本之间“分成”。为收回投资，企业往往会“绑定”政府，要求提高门票价格。

二是地方财政能够从景区门票收入中获得分成。中部某核心景区的门票收入由市、区、管委会等 14 家单位进行分成。2016 年，在该景区 7.84 亿元的门票收入中，财政部门的收入分成占比高达 72.96%，其中区财政从中分得 3.45 亿元、占比 44%，市财政从中分得 2.27 亿元，占比 29%。拥有对旅游风景区的管理权，就意味着地方政府获得了一个稳定而合法的收入渠道，利益驱动使地方政府有极大的动机与企业结成利益共同体，使收费“刚性”上涨。

2. 地方公共财力缺乏补偿机制

现有央地分权体制下，地方财力不足，收费成为弥补景区开发运营经费不足和补充地方财政收入的一种方式。

首先，财政分权下地方财权有限，上级转移支付不足。景区管理权由分级管理改为属地管理后，支出责任也相应地下移至地方政府。中央对国家级风景名胜区“只发帽子，拒给票子”，基本没有稳定的中央投入渠道，景区人头费、办公费、资源保护费、科研费和基础建设费完全或主要依靠景区门票收入、其他项目收费和地方政府的财政资金。

其次，部分地区产业发展受限，景区运营和地方财政高度依赖景区收费。出于保护生态环境的考虑，《国家主体功能区规划》规定，国家级自然保护区、国家级风景名胜区、国家森林公园等属于禁止开发区域。景区内的建设、经营活动受到诸多限制，餐饮、住宿等关联产业难以发展，造成部分经济欠发达地区只能依托本地景区资源优势，重点发展旅游业，形成了旅游业“一枝独秀”的经济结构，景区门票收入和交通工具使用收入成为景区收入主要来源、地方财政的主要收入来源和筹集建设资金的重要渠道。例如，据某省2014年对10家主要景区收入情况的调研统计，其他收入占景区总收入的比重还不足6‰。该省部分地区的门票和税收收入占地方财政收入的比重一直在50%以上，在该省某市，这一比例甚至达到了80%。某旅游公司每年向当地各级财政贡献税收2亿元，而其他所有企业贡献的税收总和不过1000万元。2016年，以旅游业为核心的第三产业占地区GDP的比重达到67.2%，对经济增长的贡献率达到79.1%。

最后，政府对景区的财政补贴严重不足，收费成为维持景区运营的主要方式。中国各地方政府财力极度匮乏，地方政府更多考虑地方发展问题，加强基础设施的建设，解决当地人口的就业、医疗、教育等问题，资金有限很难顾及对风景区和名胜古迹的投入。没有足够的财政补贴支持，景区不但无力降低收费、体现公益性，而且必须通过提高门票等收费项目来开发、保护和维持景区运营。此外，为弥补经费不足，地方政府积极鼓励民营企业和社会资金投资景区，“谁开发、谁受益”，企业为收回投资成本和获得利润，自然会提高景区收费，收费项目过多、收费价格过高等问题层出不穷。

3. 公共产权约束下管理效率低下

风景名胜区依托一定的自然资源而建，如森林、山岭、草原、水流、矿藏、湿地等。在我国，这些自然资源有两种形式的所有权——国家所有和集体所有，其中绝大多数旅游资源的产权为国家所有或全民所有，少数为集体所有。国家权力执行机构代表国家拥有所有权，除国家外，其他任何组织、个人或团体均不能提出对国有资产的剩余索取权。各级政府或各职能部门拥有风景名胜区的管理权。企业或事业单位根据参与方式的不同拥有不同程度的经营权。收益权和使用权根据经营主体情况的不同归属于政府部门或企事业单位。

国家所有的产权结构使得委托—代理问题更加突出。所有人和管理人的不同意味着风景名胜区的运行是基于“委托—代理”关系。政府机构和政府官员作为代理人行使对风景名胜区的管理。根据经济学理论，由于信息的不对称性，代理人会在最大限度地增进自身效用的同时做出不利于委托人利益的行为，即产生道德风险问题。根据理性人假设，政府官员受自身考核指标以及多种利益影响，在缺乏有效监督的情况下，往往会为了政绩采取机会主义行为。风景名胜区收费管理的各种决策和行为来自代理人，各政府部门和政府官员在行使管理权时都会基于本部门利益或自身利益出发，损害社会利益和全民利益，导致各种景区收费问题层出不穷。此外，对于大多数国家所有的景区，中央政府出于减轻财政负担和管理人员有限等考虑，将国家级景区管理权下放至地方政府代管。地方政府出于同样的考虑，将管理权进一步下放，导致委托—代理链条过长，信息更加不对称，代理人道德风险更加突出。

在政府机构作为代理人的情况下，更难以设计激励机制来约束代理人的不当行为。由于政府机构是唯一可选的代理人，所以无法通过契约的终止和长期契约关系来减轻道德风险问题，也无法通过“声誉效应”来激励代理人做出正当的行为。政府机构的“委托—代理”问题比市场机制下更难以解决。

第三节　旅游景区收费体制的深层矛盾和难题

一、基于全民利益的公共景区指导思想和功能定位没有真正树立

公共景区收费体制是一个折射经济发展理念、公共产品规律和经济发展水平的反光镜和参照系。当前，基于全民利益和公共品属性的公共景区发展观和收费观在国内绝大部分地区并未真正建立，即使在浙江等发达地

区实行免费的“西湖模式”，虽然具有独特的资源和位置优势，社会上是一片叫好叫座，但仍有其他领域随之暴露出来的“苦涩与无奈”。从某种程度上看，在权责明晰的公共财政保障机制和预算约束没有有效建立与全面覆盖的情况下，公共景区门票价格管理的实践必然出现或大或小、若明若暗的“拆东墙补西墙”现象。究其根源，我国公共景区发展的现实逻辑起点仍然停留在经济发展、组织收入的传统认识上，没有实质转向保护传承公共资源的非经济目标，与真正满足可持续发展的全民利益的发展理念和利益归属仍有较大差距。

二、公共景区收费面临多目标约束下的选择困境

现阶段，我国公共景区价格管理的目标主要是有效保护和合理利用的权衡，并存在政府与市场、集权与分权、保护与利用、公益性与商业性孰重孰轻、孰先孰后的选择困境。随着中国经济市场化转型步伐加快，市场竞争和供需因素也逐渐成为影响公共景区收费体制的重要因素，政府管理与市场调节之间存在着一定的矛盾；从我国公共景区收费体制历史演进来看，尽管分权和属地化有利于调动地方积极性，加强公共旅游资源保护，但是，受经济发展水平制约和促进增长的目标诉求，地方政府往往更强调对公共景区的开发而非保护，强调盈利性而非公益性。更为突出的是，景区门票价格本身受到多种层面因素影响，其波动是不同利益主体深度博弈的客观结果，解决和治理的途径是一个多方面、综合性和长时期的过程，但在社会关注、政策决策和实施过程中，价格管理常常处于单兵突进的状态，被动承担了过多、过大的政策效果预期，反过来又增加了监管上的针对性和难度。

三、公共景区收费体制受到市场利益驱动与财政补偿不足的双重影响

一方面，公共旅游资源基于市场化开发加剧景区门票价格上涨压力。公共旅游资源是旅游景区发展的核心要素，公共旅游资源不进行市场化开发，资源的稀缺性和价值就无法体现，公共旅游资源保护和利用的真实成

本也难以反映出来；如果真实反映其价值和成本，势必可能加剧门票价格上涨压力；另一方面，分级属地管理、财政补偿机制不到位制约公共景区实现公益性目标。我国公共景区主要实行的是事业单位管理、企业化经营模式以及分权化管理体制，国家只给政策不给经费，景区要承担自身生存、维护、发展及社区发展的使命，靠门票等收入自收自养，门票收入占其总收入的50%以上，有的甚至高达90%。许多地方遗产型旅游景区不但得不到政府财政补贴，政府反而从景区的门票收入中抽走一部分去补贴地方财政。

四、部分景区门票价格信号失真或紊乱

由于历史和发展原因，在地理位置优越方便、旅游综合价值高、市民选择性强的现实下，一些遗产类景区门票价格的水平和变动空间往往受到很大约束，在旅游发展、文物保护、外事接待、宣传教育、形象展示、市民休闲、定向奖励或帮扶等多种景区功能的交叉重叠中，很难合理确定和找到价格定位的基准点和基本标准，某种程度上无法承担反映市场供求的交易信号作用，处于“难负盛名”的尴尬情形。例如，北京天坛面积仅273公顷，是世界文化遗产、国家首批5A级景区和全国重点文物保护单位的国宝级景区，目前门票价格仅为15元（旺季），吸引大量海内外游客和本市市民参观游览，黄金周创下单日进园14万人的高峰记录，2016年游客总计超过1600万人，其中免票游客近430万人（主要是北京市民）。与其他景区门票价格连续上涨相区别，天坛门票价格在多种因素制约下只好常年不动，依然停留在20世纪90年代的水平。

五、经济结构单一导致的门票经济困境与公益性目标的内在冲突

《国家主体功能区规划》规定，国家级自然保护区、国家级风景名胜区、国家森林公园等属于禁止或限制开发区域，充分体现公共资源景区保护的公益性，然而资源禀赋单一的经济结构必然导致单一的发展模式，这在一定程度上造成经济欠发达的地区只能依托本地景区资源优势，重点发

展旅游业，地区经济社会发展高度依赖旅游景区门票收入。以中部某省的旅游大市为例，2016 年，以旅游业为核心的第三产业占地区 GDP 的比重达到 67.2%，对经济增长的贡献率达到 79.1%；工业占 GDP 的比重仅为 17.6%，对经济增长的贡献率仅为 14.5%。再加上为壮大旅游经济、促进经济增长和增加财政收入，近年来，政府投入了巨额资金进行景区建设和保护，政府和景区收支难以实现平衡，在此情况下，要求地方政府在政策上体现公益性将很难得到有效落实。

第五章　旅游景区收费的国际经验与启示

内容提要　从旅游景区门票价格占人均 GDP 和人均月收入比重、旅游景区资金来源、旅游景区门票价格调控灵活度等方面对国内外旅游景区门票价格管理进行了对比研究，总结分析了旅游景区收费体制的国际经验和政策启示，一是理顺管理体制，实行管理权与经营权分离；二是强化景区社会效益，扩大政策减免覆盖面；三是实现资金来源多元化，建立健全资金监管机制，广泛吸纳社会资金；四是建立科学合理的景区门票价格体系，强化价格监管，建立灵活多样的门票收费模式；五是推行公益式旅游，加快旅游产业结构调整。

第一节　各国旅游景区的收费体制与主要做法

一、美国旅游景区的收费体制

（一）管理体制

美国是国家公园的首创者，从 1872 年世界上第一个国家公园黄石公园诞生到现在的 140 多年时间里，美国颁布了一系列关于国家公园的法律、法规、指导原则、公约和执行命令，逐步形成了一整套源于这些法律法规的国家公园管理体系和运行机制。

1. 实行统一的垂直管理体系

包括国家公园在内的国家公园系统均由国家公园管理局负责，该局隶属内政部，下设 10 个地方局，分片管理各地的国家公园，各国家公园均设有公园管理局，具体负责本公园事务。国家管理局、地方管理局、基层管理局三级管理机构垂直领导，与所在地政府没有业务关系，如图 5-1 所示。

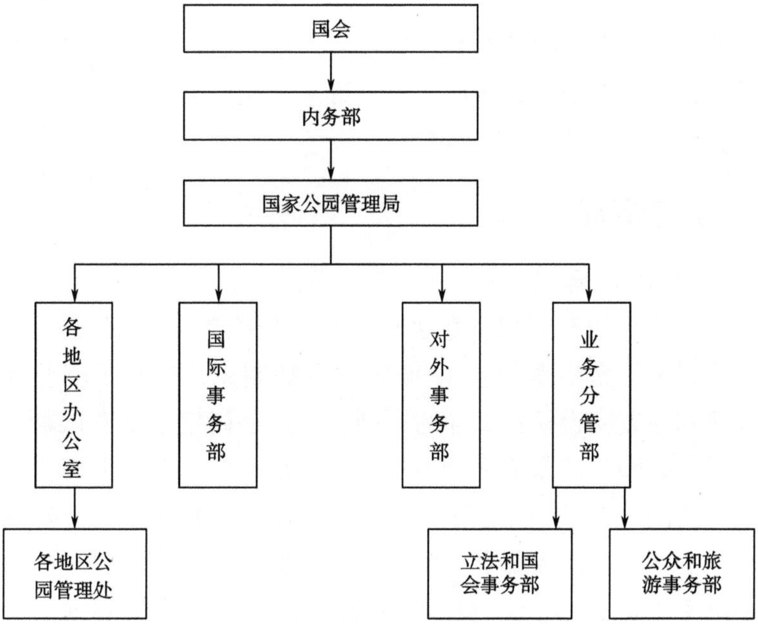

图 5-1　美国国家公园行政管理体系示意图

资料来源：曹莎．从管理体制看公共资源类旅游景区门票价格上涨［D］．武汉：华中师范大学，2008.

2. 严格规划管理、土地管理、自然资源管理、文化资源管理

国家公园管理局下设丹佛规划中心，负责全国国家公园规划与设计，各地区管理局设有规划设计室，基层管理局有规划设计小组。国家公园的规划设计必须向社会和国家公告，这样的规划设计，具有可操作性，也更能获得公众支持，有利于其顺利实施。对各公园领域内的土地实行严格保护，对非联邦土地，公园管理局规定足以支付公园保护的最低利息，实施成本保护法。对公园系统的自然资源管理、文化资源管理等，均由国家公园统一负责。

3. 经营权和管理权彻底分离

国家公园为非营利公益事业，运转经费主要靠政府预算拨款，门票收入、社会捐赠资金、特殊项目酬金、展示项目酬金等资金的筹集仅用以减

轻联邦政府的财政负担。门票收入不用于公园的日常开支和管理人员工资，只用于环境保护建设及环保宣传教育支出。一旦被确定为国家公园，原有居民全部迁出，公园内不存在居民职工就业问题，其管理机构不承担发展社区的职能，公园内的住宿、餐饮、娱乐等商业设施严格按照规划建设，并通过特许商业经营处批准，由特许承租人经营，在财务上与国家管理机构无关。

（二）门票制度

1. 国家公园门票制度

（1）国家公园管理局根据立法确立的原则制定门票定价指南

现行的定价指南根据国会 1996 年的立法制定，确定了哪些地方不能收费，收费的地方应遵循什么样的原则，有的还确定了最高限额。该立法规定所有国家公园门票最高不能超过 20 美元，年卡费用最高为 50 美元。如黄石国家公园 1916 年的门票价格为 10 美元，该标准直到 1996 年国会通过立法后才上调。美国人都喜欢驾车出游，景区也主要按“车”收费。通常 5 座小汽车收费 20 美元，黄石国家公园和邻近的大提顿国家公园则采用 25 美元的联票制。如果选择步行进入黄石国家公园，成人收费是 12 美元，16 岁以下免费。包括黄石和大峡谷在内的大型国家公园，门票都是 7 天有效，游客可以更灵活地安排游览路线和住宿地点。对于盲人和永久性残障人士，国家公园推出“金卡门票”，这些特殊游客可凭卡终身免费游览国家公园。景区对老年人也有优待，不过各州对年龄起点规定不一。国家公园大多将 62 岁以上游客视为老年人，并给予 10 美元的半价优惠。此外，美国归属州政府或市县管辖的景区采取较低的门票价格收费方式，票价多在 20 美元以内，比如纽约的自由女神像，成人票价仅为 13 美元。

（2）新价格确定后必须在公布一年后生效

各公园每年都可以向国家公园管理局申请对门票价格进行微调，但立法对门票调整有严格的规定，需要出具足够的理由，最主要的理由是物价上涨。新价格确定后必须在公布一年后才能生效。一般不通过提高门票价格的方式来限制人数，主要通过限制门票数量、规定参观时间段等调节手段措施来限制游客数量，如自由女神像、独立厅、华盛顿纪念碑就是采用这些方法。

（3）立法规定门票收入流向

按照立法规定，各公园的门票与娱乐项目收费80%可以留在公园，用于支付公园的维护和管理开支，其余20%上交国家公园管理局统一支配，用于援助不收费的公园。

2. 私营景区门票制度

私营旅游景区根据商业运作模式进行定价，景区门票价格较高。在激烈的市场竞争中，这些景区采取灵活的售票方式。如佛罗里达州的迪士尼世界有多个主题公园，游客若购买单个公园单日有效的门票需90美元，但若购买多园多日有效的通用票就会便宜许多。洛杉矶的迪士尼乐园也同样如此，游客购买一日游的门票为34美元，两日游为59美元，三日游为82美元。商业旅游景区有时还推出合作项目，如购买迪士尼乐园的门票，可以免费到圣迭戈的海洋世界游览。

3. 门票价格优惠措施

美国门票价格制定时会考虑如何给来访者优惠，通常采取各种灵活做法。

（1）优待老年游客。老年游客获得门票优待年龄分别为55、59、60、62、65岁以上不等，均由各景区自行确定。

（2）设立免费开放日。如某些博物馆平时要收费，但设立免费开放日，确定每月第一个星期二免费对外开放。

（3）实行联票优惠。规模较大的景区需要好几天的时间参观，就给予门票优惠，如优胜美地国家公园，一次入园可最多待7天。纽约、芝加哥、波士顿、费城、旧金山、西雅图等城市以及洛杉矶的好莱坞，均将当地的六七个主要参观游览点列为联票销售半价优惠范围。

二、法国旅游景区的收费体制

（一）管理体制

1971年法国成立环境部，该部由国家监督与联合监督的各署、管理与发展司、分散行政司、预防污染与风险司、水资源司、自然与景观司组成。其中，自然与景观司主管国家自然文化遗产资源，是国家自然资产质量的守卫者，职责是保护和保存法国自然、景观和生物多样性。

1. 国家公园由环境部主管，地方自然公园由地方主管

环境部海滨与湖岸地区保护署主管国家公园和自然保留地，地方主管、国家协管保护区和遗址。所有国家森林由国家林业办公室负责环境管理。地方自然公园由地方主管，是地方政府参与遗产保护的标志。

法律规定，某一特殊区域如果具有丰富的自然文化遗产，可作为地方自然公园。环境部是授予特定区域“地方自然公园”标志的最高权力机构。地方自然公园的公园宪章实行所有签约人通过自由谈判方式确定各自的责任。其经费来源大概为：地方拨款占35%，地方部门及居民捐款占30%，环境部占10%，国家其他部委和各公园自己的收入占20%。

自然与景观司主要从事编制自然资源财富清单，对保护区及需要保护的区域进行保护；参与考虑环境因素的区域规划，在城市规划、旅游政策和旅游规划中发挥重要作用；通过景观观察台以及引进多种法律法规的方式，自然与景观司负责保护那些具有世界和法国声誉的景观的质量，使得法国人民可以享有这些自然文化遗产。

2. 文化遗产局负责调查和监督文物古迹的现状和维护

文化部下设文化遗产局，地方上也有相应机构，负责调查和监督文物古迹的现状和维护情况。直接由国家管理的重点文物古迹不足5%，近一半由市级部门管理，而半数为私人管理。地方政府根据城市自身特点结合城市规划制定更为详尽、深入及有针对性的保护、管理、控制性法规与法规性文件。

《历史古迹法》和《马尔罗法》分别是文物建筑与保护区两个层次内容的保护法的核心。完善的国家立法框架与灵活、详尽的地方立法的相互结合是文化遗产保护制度的特色。在遗产资源经营方面，遗产管理事务既“外部化”，又“内部化”。“外部化”是指一个遗产机构将它的部分遗产事务，如游客接待娱乐活动、安全、维护事务，以及辅助性事务，如购物、餐饮等事务，转让给私人机构经营。这样，遗产机构依然保持着它的公共性质。“内部化”是指将上述事务统一收回，由遗产机构自己经营。这时，遗产机构不仅公共性质不变，同时在经营上又完全自治。一个遗产机构的改革是选择内部化还是选择外部化，主要取决于“成本”。

（二）价格机制

1. 实施低价策略

法国人文景观主要包括教堂、公园、博物馆和城堡，卢浮宫、凯旋门、凡尔赛宫、枫丹白露、埃菲尔铁塔、巴黎圣母院、卢瓦尔河谷城堡群等举世闻名。政府坚持“以人为本，着眼未来”的管理原则，采取低价策略，不因为景点有名而随意提高门票价格，只要冠以“公园”的名号，公众就可在开放时间自由进出，一年四季免费开放。

大多数国立博物馆的票价由政府机构“国立博物馆联合会”制定，根据规模和功能不同，将各类博物馆分为5等，分别定价。大量的博物馆免费向社会公众开放，即使一部分博物馆收费，其收费也非常低。政府规定，被政府列入国家文化遗产保护名单的各类建筑物，都要在政府每年规定的“文化遗产日”免费向游客开放1至2日，巴黎卢浮宫每月第一个星期日全天免费开放。

2. 国家财政拨款和景区商业开发为资金主要来源

旅游景区的资金来源主要是国家财政拨款和景区商业开发。以卢浮宫的管理为例，卢浮宫归国家所有，拥有自主经营权，每年门票收入8000万欧元，主要用于购买新展品和博物馆的日常维护，经营和维修费用达5.6亿欧元，由国家财政和商业开发解决，同时卢浮宫还利用自身资源从事商业开发，通过设立营业摊点和场地出租，增加旅游商品收入。另外，外部赞助也是卢浮宫获得资金的主要方式之一。

3. 针对不同群体实施门票优惠

在门票优惠方面，政府针对不同社会群体，制定不同门票价格，如免费群体、优惠群体等。除了青少年学生这个最大的受惠群体外，教师、老年人、现役军人也都在受惠群体之内。如卢浮宫对18岁至26岁年轻人和60岁以上老年人实行半价优惠。此外，不同季节、不同时间段、景点不同游览段分别制定差异化的收费标准。例如，卢浮宫平日9时至18时的门票价格为8.5欧元，18时以后为6欧元；游览埃菲尔铁塔使用不同上升交通工具、到达各层平台均有不同的门票价格。同时，提供单人票、家庭套票、团体票、周期票等供游客多种自由选择。例如，在法国巴黎花45欧元购买一张5天期的“博物馆通行卡”，即可参观巴黎全部博物馆。

三、意大利旅游景区的收费体制

（一）管理体制

意大利设立国家公园、大区公园（大区相当于我国的省）、海洋国家公园、海滨和岛屿国家公园等，其国家公园和自然保护区的生物多样性在欧洲处在第一位。国家公园重视野生动植物的保护，建立了包括阿尔卑斯山脉、亚平宁山脉、波河河谷平原、沿海和岛屿等区域内的国家公园生态网络，坚定地实行生物多样性保护的方针，保护区域内濒危和珍稀的鸟类动物，为公园增加活力。

意大利对历史遗迹、艺术珍品、旅游景点的科学研究保护、维修、发展规划和管理等都有专门的法规，并由专业机构监督实施。最主要管理机构是文化遗产部，下设七个负责保护的专门办公室，有考古、古建筑古文物登记、古建筑管理、现代城区保护等。法规明确规定，古城内古建筑古文物应原状严格加以保护，以保护其历史文化价值。20 世纪 50 年代意大利已形成较系统的保存保护古迹、遗址的法律。如威尼斯宪章、内罗毕建议、佛罗伦萨宪章及 1990 年政府发布的古城区保护新管理法等法律法规。古城内所有的新建建筑或修复建筑均需经七个保护办公室集体研究批准，任何其他组织或个人都无权批准，否则将被拆除并严厉处罚。

（二）价格机制

意大利是文化旅游大国，全国有多处文化古迹、考古遗址、自然景观等遗产被联合国教科文组织列入《世界遗产名录》，意大利被称作一个“巨大的露天博物馆”。

1. 政府采取多种措施确保景区门票低价

政府采取多种措施确保旅游景区长期以来采取非常低廉的门票价格。每年春天举办一次文化周，在此期间全国所有名胜古迹免费向游客开放，古罗马废墟长期向公众免费开放，著名的古罗马斗兽场 1997 年以前一直免费开放，目前的门票价格仅为6欧元，其最贵的景点门票价格也不足意大利人均月收入的1%，并且对学生、老人等特殊群体实行免票，政府还经常利用历史性传统节日或其他纪念性节日不定期地为游客提供优惠价格。

2. 调整门票价格须报文化遗产部价格管理委员会审批

意大利各地的博物馆、画廊、历史性建筑物、考古遗址、公园等旅游景点门票价格的制定均由政府文化遗产部管理。只有在景点的历史价值及建筑与展品的历史和艺术价值发生变化，维持景点正常运转的水、电、能耗明显改变，以及环境因素所导致的维护成本发生变化等情况下，才能考虑调整景点门票的价格。如确需调整景点门票价格，各地政府主管部门必须充分酝酿，并提出建议报文化遗产部价格管理委员会审批。

3. 维护景点和文物古迹的资金65%来自财政

政府对旅游景点的管理十分严格，门票收入上缴国家财政后统一从国库中支取。用于保护、修缮旅游景点和文物古迹的资金中，约有65%来自政府财政，其余的则通过发行彩票、接受捐赠等途径获得。同时在税收政策上对投资修缮文物的企业或个人给予优惠，由于政府采取的多项优惠措施从各方面提升了企业形象，使许多企业乐于慷慨解囊，从而弥补了文物保护方面经费的不足。

四、日本旅游景区的收费体制

（一）管理体制

日本自然公园系统由国家公园、准国家公园和都道府县自然公园组成，由国家环境厅和都道府县政府、市政府以及国家公园内各类土地所有者密切合作进行管理。

国家公园由国家环境署署长主管，自然保护协会协管。日本所有的国家公园都依据《自然公园法》进行规划管理，包括《自然公园法》在内的保护和利用法规由国家环境厅制定，每年修订一次。由于国家公园内的土地存在多种所有制（国家所有、地方政府所有、私人所有）和多种经济活动（农业、林业、旅游及娱乐产业），因此，《自然公园法》的执行由国家公园管理人园长及公园的其他园工、地方政府官员会同公园各类土地所有者合作完成。

对于公园的自然保护，日本有针对性地按生态系统完整和风光秀丽等级、人类对自然环境的影响程度、游客使用的重要性等指标，将所有国家公园的土地分为特别区、海洋公园区和普通区，其中特别区又分为特殊保护区、一级特别区、二级特别区、三级特别区。还规定，在国家公园内控制对环境或资源产生有害影响的人类活动，除非得到国家环境署署长的批准并领取执照，否则将被课以罚款。对于公园内的私人土地，政府以提供补偿方式促进土地所有者保证其遵守控制约定。补偿并且强化著名生态系统管理的方式之一，便是收购国家公园内的私人土地，收购的对象是那些重要区域，比如特殊保护区、一级特别区。收购通过地方政府发行公共债券来实现，债券的偿还由中央政府承担。

国家公园的事业费由国家公园事务执行者负责，其来源包括国家预算补助、参与执行事务的公共团体负担的费用、受益者负担的费用、工程负担的费用等。在游客服务和设施供给方面，允许地方公园团体和个人按国家公园的规定提供服务设施；公共设施由国家环境厅和环境署与地方共同提供，经费比例为 1∶2 或 1∶3；关于特许承租经营，个人在取得国家环境厅国家公园的经营执照后，可经营酒店、旅馆、滑雪场和其他食宿设施。

（二）价格机制

1. 按景区性质区别定价

自然景观类景区基本不收门票。富士山作为日本的自然象征，在非暴风、暴雨或地震、火山预警等特殊情况下，都会常年免费对公众开放。富士山及其周边的湖泊、火山地质层等共同构成的富士山–伊豆国立公园也免费。

文化遗产类或人文景观类景区大多收门票，但只是象征性收费。京都金阁寺、清水寺、二条城，奈良的东大寺、唐招提寺、平城宫遗址，日光的东照宫及冲绳的首里城等被列为世界文化遗产，门票价格多在 300 至 1000 日元（折合人民币为 18 到 60 元）。国家级文化遗产的门票价格大多不超过 500 日元，如“镰仓大佛”本身的门票仅 200 日元。此外，不收门票的文化遗产或人文景观也比比皆是，如岐阜县白川乡和广岛原爆纪念遗址等都属世界文化遗产，但免收门票。

商业性娱乐设施类景区基本上都收费，但价格较为合理。东京迪士尼每张成人通票高达 5500 日元，具有异国情调的长崎豪斯登堡门票超过 3000 日元，东京塔门票为 700 日元。该类景区门票价格与日本工薪族人均年薪相比，并不算昂贵。

2. 门票收入只占景区全部收入的 20%~30%

景区的门票收入只占其全部收入的 20%~30%，其他收入主要来自特色产品的开发、基金会的捐助和政府的必要投入。景区日常运营经费大多由中央政府和地方政府补助，同时也接受捐款。被列为“国宝”的文化财产则由政府严加管理，日常的维护、修理经费也会得到国家的补助，其中有些文物的大规模维修就需要动用国家的大笔经费。

第二节　旅游景区门票价格管理的对比研究

一、旅游景区门票价格占人均 GDP 比重

我国景区门票价格相对于经济发展水平普遍偏高，居民外出旅游除了交通和住宿占据旅游消费的大部分比例之外，门票费用已成为旅游消费支出的重要组成部分。而国外景区门票价格与其国民富裕程度相比明显偏低，门票价格占人均 GDP 的比重一般不超过 0.1%（见表 5-1），如美国国家公园门票价格占人均 GDP 的比重为 0.05%，韩国为 0.01%，加拿大为 0.07%。

表 5-1　世界各国景区门票价格占人均 GDP 的比重

国家或地区	人均 GDP（本国或本地货币）	国家公园门票价格（本国或本地货币）	门票价格/人均 GDP（%）
中国	9128	80	0.9
美国	37746	20	0.05
日本	3912185	0	0
韩国	15208642	1600	0.01
加拿大	38842	7	0.07
中国台湾	432234	0	0

资料来源：张晓．加强规制——中国自然文化遗产资源保护管理和利用［M］．北京：社会科学文献出版社，2006.

二、旅游景区门票价格占人均月收入比重

随着我国旅游景区门票价格管理权的下放，旅游景区的门票价格呈现不断上涨的态势。国外拥有和经营旅游景点的主要动机是为了发挥其教育功能和社会效应，只有一些私营景区是为了追求利润（见表 5-2），因而国外在制定景区门票价格时主要考虑福利性，景区门票价格占人均月收入的比例通常不超过 1%（见表 5-3）。

表 5-2　国外拥有和经营景点的主要动机

部　门	拥有的景点	拥有和经营景点的主要动机
国有，如政府、地方政府及国有企业	博物馆、美术馆、古代纪念碑、古代遗址、古建筑	首要考虑的因素是环境保护，其次是教育、为社区居民提供休闲去处
私营，如商业组织	主题公园、动物园、小船坞	首要考虑的因素是利润，其次是娱乐、最大限度增加游客数量和市场份额
民办，如信托、慈善机构	古建筑、文化遗产中心、露天博物馆	首要考虑的因素是用获得收入进行环境保护，其次是教育

资料来源：课题组整理。

表 5-3　国内外旅游景区门票价格占人均月收入的比例

区域	景　区	门票价格	门票价格/人均月收入（%）
国内	九寨沟	80 元（淡季）	15~20
		220 元（旺季）	
	黄山	150 元（淡季）	5~8
		230 元（旺季）	
	敦煌莫高窟	80 元（淡季）	7~16
		160 元（旺季）	
国外	美国黄石公园	25 美元	0.3~0.4
	日本横滨八景岛	4400 日元	0.6~0.8
	澳大利亚菲利普岛企鹅保护区	72 澳元	0.5~0.6

资料来源：课题组整理。

三、旅游景区资金来源

从资金来源来看，目前政府财政支持、景区门票收入、景区其他经营性收入和其他收入（如社会捐赠）等几个渠道构成了我国旅游景区的基本收入。由于经济发展阶段的制约，我国政府财政投入有限。据资料统计，国家每年对177个重点风景名胜区的财政拨款仅为1000万人民币，每个景区所能获得的资金则更少，景区的正常运行单靠国家拨款是远远不够的，而景区所能获得的其他收入也不多，致使很多景区的门票收入是其收入的主要来源，有的甚至是唯一来源，而门票收入在国外景区的收入结构中只占20%~30%。我国景区为了维持正常运行不得不调高门票价格，而这种现状的实质是政府把自身的责任无形中转嫁给了社会大众。

与我国大多数景区资金来源比较单一相比，国外许多国家的景区资金来源则是多元化，主要依靠本国雄厚的经济实力、社会的广泛参与、完善的法律法规等措施来保障。

四、旅游景区门票价格调控灵活度

我国众多旅游景区存在多种门票价格表现形式，但在各景区的实际操作中，价格调控手段大多体现在设置淡旺季门票价格和对少数特定人群的优惠门票价格上（见表5-4），并没有充分考虑在不同浏览时间段、不同游览范围及更多的不同人群等方面实行差异化定价，相比我国比较单一的门票价格调控手段，国外许多国家在景区门票价格调控方面则采取了更多的方式（见表5-5）。

表5-4　国内旅游景区的主要价格调控手段

门票价格调控手段	价格表现形式	代表景区
淡旺季不同定价	旅游旺季高价格，淡季低价格	故宫、黄山、武陵源等
对当地居民的价格优惠	年票、季票、月票以及联票等	一般在北京、西安、洛阳等地景区，不能在黄金周使用

续表 5-4

门票价格调控手段	价格表现形式	代表景区
对特殊人群的价格优惠	对学生、现役军人、残疾人以及 1.4 米以下儿童和 60 岁以上老人进行价格优惠	兵马俑、长城等
对团队的价格优惠	对具有一定人数的旅游团队实行价格优惠	各大景区
“园中园”门票	“园中园”门票	圆明园公园、泰山等

资料来源：课题组整理。

表 5-5　国外景区门票价格调控形式

价格调控形式	具体说明	代表景区
不同季节、时间段不同价格	淡旺季有不同的门票价格；同一天不同时间有不同的门票价格	巴黎卢浮宫
不同游览段不同价格	游览时到达不同地点有不同的价格，工具到达不同平台价格不同	埃菲尔铁塔
家庭套票、年票、周期票	一张门票一天之内可以多次进出景区	伦敦动物园
不同社会群体不同门票价格	优惠群体：学生、教师、记者等；免费群体：未成年人参观博物馆	各国主要景区
价格双轨制	对国外游客的定价高于对国内游客的定价	印度、俄罗斯、埃及的主要景区

资料来源：课题组整理。

第三节　旅游景区收费体制的政策启示

国外旅游景区的门票只是管理手段和措施，基于成熟的旅游产业链支撑，景区当地的经济增长大部分由旅游业相关产业的运营获得。我国地方政府应转变旅游景区发展思路，鼓励景区结构调整，推动景区相关副业营业收入的增长，促进旅游产业与其他产业的融合发展，实现社会效益和经济效益的统一。借鉴国外经验，我国旅游景区收费体制和价格管理应重点考虑以下几方面。

一、理顺管理体制，实行管理权与经营权分离

以分散管理、多头管理和交叉管理为特征的景区管理体制已经不适应我国的实际情况，条条块块的分割易导致权力的争夺、责任的真空、运营成本的增加。要从根源上转变现在的管理体制就要把管理权与经营权分离，才能从根本上解决问题。应该改变依靠门票收入收回投资、获得经济效益的思维。当前，投资主体和受益主体多元化，政府应尽可能从景区投资开发经营中摆脱出来，转而担负起行业管理、调控、指导的角色。当然，由于管理体制的转变涉及的部门多、范围广，需要假以时日才能逐步完成。

二、强化景区社会效益，扩大政策减免覆盖面

1. 充分发挥景区社会效益

景区是公共资源，应充分发挥其自然效益和人文效益。对资源价值等级较高的公共资源型景区的管理权应归国家所有，逐渐实行低票价甚至零票价，使公众的旅游权益得到保障。而对资源价值次之的景区，可以由地方政府根据情况进行经营权转让，但必须强化景区的社会效益，如对旅游资源的保护、国民教育等。这有利于景观所在地旅游业的长远发展，符合广大人民群众的利益，也是旅游景区发展的趋势。

2. 扩大政策减免覆盖面

扩大博物馆、纪念馆、爱国主义教育基地等具有公共属性的参观点向社会免费开放的范围，鼓励城市公园等社会公共旅游产品和商业性投资建设及自收自养景区免费开放。规范并统一针对社会特殊群体的减免优惠政策，如对老年人、现役军人、残疾人、儿童等实行门票减免政策。列入爱国主义教育基地的景区，对学生集体参观应实行免票；对一些有特定纪念意义的重要景观在特定时间内向游客提供一定数量的免费或低价门票。

三、实现资金来源多元化，建立健全资金监管机制

1. 广泛吸纳社会资金

要确保公共旅游资源的公益性，需要加大政府资金投入，以支持公益性景区进行长远发展。为保持景区的运转与维护，旅游景区应重视通过多途径获得经费。除了获得国家拨款补贴，景区经营管理者要拓宽景区资金筹集渠道，积极寻求各类社会基金的支持、社会捐赠，增强公众保护自然生态、保护国家自然遗产资源的意识。同时，也应借鉴国外发行景区彩票经验，筹措资金用以世界遗产和国家重点景区保护。

2. 建立健全资金监管机制

对各种来源的资金，特别是财政资金，要构建科学合理的资金机制、管理机制、经营机制和监督机制，以实现管理手段、管理能力与管理目标相适应。

四、建立科学合理的景区门票价格体系，强化价格监管

1. 分类管理

逐步将公共景区列入政府提供的公共产品名录，让公共景区为公众服务。各级政府价格主管部门在对景区类别、性质、价格管理权限进行科学确定的基础上，要对景区的认证级别、市场等级、经营管理体制进一步细化和规范，分类确定不同门票价格管理方式，实现门票价格标准化管理。

2. 建立灵活多样的门票收费模式

我国年度假期安排过于集中，旅游景区受季节性和景点知名度的影响较为明显，为有效避免由此引发的旅游景区供求矛盾，对门票价格实行浮动制，实行淡旺季、早晚不同价格，以实现分流旅游景点人数的目的和效果，使景区的旅游资源得到有效保障；根据不同游客需求制定与之相适应的团体票、个人套票、家庭票等灵活多样的价格标准，以供旅客自主参考选择；支持组织当地居民“本地游”、景区开放日等活动。通过门票价格的动态变化，促进旅游业的发展。

3. 合理制定门票价格

一是门票价格的调整应与社会经济发展和居民收入水平相适应；二是

严格成本监审程序和规定。价格主管部门对景区门票价格调整前依法履行成本监审，成本监审情况应逐步向社会公开；三是进一步完善听证会制度。目前我国景区门票调整听证代表一般为本地代表，而在价格调整中可能受影响最大的是外地游客，他们基本没有表达意见的机会。为了确保价格制定公正、合理、科学，对景区门票调整可考虑建立“异地听证”机制，在确定听证会参加人范围时，外地代表应有50%，且保证听证人员有1/3是消费者。

4. 加强门票价格监管

一是严格禁止团体票高回扣。按团体门票价格回扣不得超过20%的规定，价格主管部门要加强各旅游景区价格监管，对不按规定执行回扣率的景区，不得上调门票价格；二是严格禁止一票制捆绑收费，严格禁止利用景区一票制捆绑景区交通费等其他费用。

五、加快旅游业结构调整，实现经济效益

1. 推行公益式旅游

低票价甚至免费的公益式旅游，可以拉动旅行社、酒店、餐饮、交通等相关产业收入的增长，以景区为核心带动各种其他消费，是发展旅游经济的关键。以“免费西湖”为例，杭州西湖自2003年开始实行免费，景区每年因此直接减少门票收入2530万元。但在取消门票的同时，西湖景区增加了不少休闲消费场所。景区管理部门通过拍卖、出租或承包景区商业网点经营权等市场化手段，不仅抵补了损失的门票收入，而且增收逾亿元，带动了杭州旅游产业经济效益的增长。

2. 加快旅游产业结构调整

要打破我国旅游景区“门票经济”，实现门票经济向产业经济的转移，须对旅游模式和旅游产品单一化结构进行调整，旅游景区应该改变经营方式，开拓出集文化休闲、商务会议、特色餐饮、工艺等多种经营理念的新路子，把观光、怀古、休闲、娱乐、购物、投资等有机结合起来，用更富竞争力的旅游内容和服务，吸引游客前来，形成良性循环。同时，景区应重视拓宽收入来源，包括销售各类旅游纪念品以及为企业植入广告等方式增加收入，以维持低廉的门票价格。

第六章　我国世界遗产景区收费合理性分析

内容提要　从国内世界遗产景区门票价格的影响因素实际出发，基于层次分析法的定价模型，构建门票价格合理指数，对各地世界遗产景区门票定价是否合理进行分析。我国世界遗产景区门票价格的制定受地方景区管理部门的主观影响较为严重，景区管理部门可参考城市等级、景区所在城市的人均 GDP、景区占地面积、景区客流量、是否属于 5A 级景区、拥有旅游资源富集度等因素来制定旅游景区门票价格，还要参照国外同等级景区门票价格进行对比。我国世界文化遗产景区的门票定价地区差异比较明显。东部地区的价格合理指数较低，中西部地区的价格合理指数则较高。同时，世界自然遗产（含自然与文化双遗产）景区的门票定价地区差异不明显，总体上东西部地区的门票价格合理指数低于全国平均水平，中部地区的门票定价较为复杂。

第一节　世界遗产景区门票价格影响因素的实证分析

一、引言

世界遗产是全人类共同继承和拥有的具有“突出的普遍价值”的共同财富。我国自 1985 年 12 月 12 日加入《保护世界文化与自然遗产公约》的缔约国行列以来，截至 2016 年 7 月，经联合国教科文组织审核被批准列入《世界遗产名录》的中国世界遗产共有 50 处，其中世界文化遗产 35 处、世界文化与自然双重遗产 4 处、世界自然遗产 11 处，世界遗产名录国家排名第二位。这 50 处世界遗产绝大部分已成为重要的旅游资源和热门旅游目的地。

旅游景区门票价格作为影响游客出游选择的重要因素之一，一直受到社会大众的普遍关注。目前国内世界遗产景区门票定价比较混乱，缺少科学依据，景区经营者在大多采用比较法或领袖追随法来定价，价格往往大大高出价值，致使不少遗产景区达不到预期的客流量，严重影响到景区经济效益的取得。不仅如此，门票价格过高，不仅加大游客出游成本，增加旅行负担，还直接影响旅游市场健康发展。如果旅行社过于依赖门票等回扣，就容易忽视服务质量，甚至形成低价恶性竞争。过度依赖门票经济，还让景区在开发增值项目上缺乏压力和动力，旅游产业的发展也就难以实现突破。因此我们有必要对世界遗产景区门票价格的合理性进行深入的探讨和研究，制定出有效的世界遗产景区门票定价模型，使景区经营者在制定景区门票价格时有所依据。

课题组借鉴已有的相关研究成果，对中国世界遗产景区定价总体特征和存在的问题进行详细描述。从国内世界遗产景区门票价格的影响因素实际出发，基于层次分析法的定价模型，构建门票价格合理指数，对各地世界遗产景区门票定价是否合理进行分析并比较世界遗产景区的空间差异，尝试探讨背后的成因，为我国世界遗产景区门票的科学、合理定价提供参考，具有一定的理论意义和现实意义。同时为了分析世界遗产游客价格感知对景区门票价格的影响，还构建了游客价格感知评价指标体系。通过专家咨询意见和网络评论数据确定评价指标，采用游客现场问卷调查价格感知和游客网络评论价格感知两种形式，收集研究数据，扩大景区游客群体感知范围。现场问卷调查采用现场发放问卷录入数据当场收回入库方式，避免数据丢失和损坏；网络评论价格感知研究需要借助网络环境，运用文本分析法和借助语义挖掘工具，选取由携程网、驴妈妈等在线旅游代理企业提供的世界遗产景区游客网络评论数据作为依据，抽取游客在消费过程产生后所获得的体验价值的描述数据。然后分析数据确定评价指标权重，运用单层次模糊综合评价法对每个世界遗产游客价格感知进行评价并得出每个世界遗产景区的游客价格感知指数。

二、世界遗产景区门票价格影响因素的实证分析

（一）世界遗产旅游景区门票价格的影响因素

在一般景区门票价格影响因素的研究中，刘辛田（2005）认为门票制定要考虑五方面的因素：景区旅游资源等级、资源影响力、社会经济发展状况、环境状况及弹性。黄潇婷（2006）提出影响景区门票价格水平的七个因素，按照相关程度排列依次是景区级别、管理体制、产品类型、景区行业环境、景区面积、旅游产业环境和经济环境。马永立、谈俊忠等（2000）提出构成风景区门票价格的基本因素应由体现风景区质量数量特征的景区旅游产品特色、景区规模、景区服务和正常盈利四个模块组成。刘啸（2005）提出游览参观点等级类型、游览参观点开发和管理成本、景区容量是构成门票价格的基本因素。

本研究从景区门票价格概念基础出发，明确指出门票是景区进入门槛，门票价格是门槛高度。门票价格问题的复杂性，就在于门票价格受多方面因素的共同作用。研究我国世界遗产景区门票价格机制，首先要确定影响门票价格的因素。因此，对可能影响我国世界遗产景区门票价格的因素进行数据收集和分析，在不考虑景区所处生命周期和产权所属形式的前提下，提出以下几个影响因素，并相应提出几个可供检验的假说。

1. 城市等级

我们把我国世界遗产景区所在的城市分为三个等级，如果城市是直辖市，则赋值为3；如果城市是省会或副省级城市，则赋值为2；如果城市是一般地级市，则赋值为1。副省级城市是指城市的行政区划类别仍是地级市，受其所在的省级行政区管辖，但与普通地级市有一些区别。我国副省级城市目前有15个，即哈尔滨、长春、沈阳、大连、济南、青岛、南京、杭州、宁波、厦门、武汉、广州、深圳、西安、成都。

考虑此因素的原因是城市越发达、级别越高，相应的交通网络就会越齐全，景区所在城市的交通便利就会使景区的可进入性增强，景区竞争力大大增强，从而能吸引更多的游客，可制定更高的价格。据此提出假设：H_1——景区所在城市等级与景区门票价格正相关。

2. 旅游资源质量等级

按照大部分研究者的观点，旅游资源的质量等级越高、景区的竞争力越强，就能吸引更多的游客。刘啸（2005）认为，旅游资源的质量是形成旅游核心竞争力最为直接的因素，按质量等级来划分，最高等级的世界遗产旅游资源即5A级世界遗产景区。所以，我们认为旅游资源质量等级高的景区可制定相对较高的门票价格，以区别于一般景区。将景区旅游资源质量按等级分别赋值为5、4、3、2、1。因为参与等级评定的世界遗产景区一般被评为5A级或4A级，所以对属于5A级世界遗产的景区，我们对该变量赋值为5，属于4A级的则赋值为4。根据前面的分析提出假设：H_2——景区旅游资源质量等级与景区门票价格正相关。

3. 景区面积

我国世界遗产景区占地面积对景区门票价格的正向影响表现在：一是景区面积越大，需要的人工越多，维护费用就会越高，成本增高会使门票价格升高；二是景区面积越大，可能意味着游览和观赏项目越多，旅游者的停留时间会变长，相应的门票价格更高。据此提出假设：H_3——景区占地面积与景区门票价格正相关。

4. 旅游资源富集度

根据研究对象的特点，本研究将50处世界遗产景区的资源属性划分为两种类型：自然旅游资源和文化旅游资源。其中，不乏很多景区的旅游资源同时拥有两个资源属性，例如黄山、武夷山、泰山和峨眉山风景名胜区属于世界自然和文化双遗产，就具有双重资源属性。假设两种资源属性对景区门票价格都会产生积极的影响。据此提出假设：H_4——旅游资源富集度对景区门票产生积极影响。

5. 区域经济环境

考虑到我国世界遗产景区所处经济大环境对其门票价格的影响，采用景区所在省份的人均GDP数据来反映景区所处经济环境的差异。因为一般情况下认为，旅游景区首先对近距离的城市和区域游客的吸引力最大，其次是远距离的游客。如果景区所在省份的人均GDP较高，那么当地居民的消费能力就高，更有可能消费得起旅游产品，可承受较高的景区门票价格。据此提出假设：H_5——区域经济环境与景区门票价格正相关。

6. 旅游产业环境

旅游产业环境是景区所在省份旅游产业发展的情况，采用各省旅游收入相当于 GDP 的比值作为量化指标。旅游产业收入与人均 GDP 比值越高，表明旅游产业环境越好，意味着旅游产业收入对地区经济越重要，即地区经济对旅游产业收入的依赖程度越高。景区门票是旅游收入的一部分，它具有消费的关联性，合理的门票价格会促进游客消费更多的景区内旅游产品。因此旅游产业环境因素也是遗产景区门票价定价因素之一，据此提出假设：H_6——旅游产业环境与景区门票价格正相关。

7. 景区行业环境

景区行业环境是景区行业发展的情况，采用同一省份同一级别景区的数量为量化指标。数量的差异反映了景区所处景区行业环境的竞争激烈情况和整个行业的发展情况。我国世界遗产景区门票价格会受到市场竞争激烈程度及替代商品多少的影响。市场竞争激烈程度与替代品的数量往往与景区门票价格呈反比关系。因此景区行业环境也是影响我国世界遗产景区门票价格的因素之一。据此提出假设：H_7——景区行业环境与门票价格负相关。

8. 游客价格感知

游客是景区活动的重要参与者，景区门票定价问题与游客的价格感知程度密不可分，景区内相关设施及环境包括内外环境（生态环境、摊群、浏览、停车场环境)、卫生环境（环境卫生、厕所及饮食卫生)、设施(商亭、标牌、游船、缆车及索道等)、服务（导游、售票、应急及投诉处理等)、安全（人身财产安全及游览秩序）等成为影响游客价格感知的重要因素，也是景区门票定价时必须考虑的重要因素。相关学者研究发现：游客价格感知对景区门票价格具有一定影响。在此基础上提出假设：H_8——游客价格感知与景区门票价格呈正向相关。

9. 景区客流量

目前超容量接待是我国大部分世界遗产景区面临的实际问题，希望运用价格杠杆控制客流数量、减少游客过多对环境的破坏，这已是世界遗产景区门票涨价的共同理由。某种程度上来说，价格是供求关系的直接反映，景区游客越多，越能表明游客接受并认可既有门票价格。据此提出假设：H_9——景区客流量与景区门票价格正相关。

（二）研究设计

1. 样本选取与数据来源

截至2016年7月，中国有50处世界遗产景区被联合国教科文组织审核和批准列入《世界遗产名录》。景区数据收集和整理中存在4个景区面积值缺省，分别为莫高窟、左江花山岩画文化景观、永顺土司城遗址和天地中历史建筑群；2个客流量值缺省，为澳门历史城区和高句丽王城；3个景区门票为0元，分别为澳门历史城区、浙江杭州西湖和云南三江并流保护区；1个网络评论样本缺省，为元上都遗址。因此这部分研究选取40处世界遗产景区作为实证研究，其中包含27处世界文化遗产、9处世界自然遗产和4处自然文化双重遗产。相关数据来源如表6-1所示。

表6-1　相关数据来源

影响因素	数据比例	数据来源	时间
城市等级 景区面积 旅游资源富集度	10%	百度搜索引擎、各景区官方网站	2016年1月1日—12月31日给出的数据
旅游资源质量等级 景区客流量 景区行业环境 旅游产业环境	15%	国家、各地方旅游局官方网站和政府部门发布的信息	
区域经济环境	5%	中国新闻网、第一财经网发布的信息	
游客价格感知	70%	在线旅游代理企业（携程网和驴妈妈网）提供和现场调查问卷数据录入（总共4437份问卷）	2015年1月1日—2016年12月31日给出的数据

资料来源：课题组整理。

对40处世界遗产游客价格感知数据的获得，本课题采用游客现场问卷调查和游客网络评论两种形式。

（1）现场问卷调查方式，从2015年1月开始至2016年12月，历时24个月，共计在遗产地城市发放并回收团队问卷8773份，其中在世界遗产景区发放并收回团队问卷4437份，每个世界遗产景区回收团队问卷约100份上下，实际有效问卷率为97.65%。

我国世界遗产分布广泛，难以在全国范围进行持续性游客价格感知问卷调查，因此结合国家旅游权威研究机构在60个城市持续展开的旅游发展质量调查中涉及景区服务和票价的问卷数据（见附录），作为本课题游客现场问卷调查价格感知数据来源。

对于问卷数据使用需要说明的是：

——该问卷调查分散客和团队两种客群，因散客问卷涉及的景区服务和价格的调查问题设置相对较少，因而本课题仅采用针对团队游客的问卷调查作为实证数据基础。

——该调查名义上在60个旅游目的地城市展开，实际抽样地为旅游目的地城市的代表性景区，涵盖本课题需采样计算的40处世界遗产景区。

——原始问卷采取10分制，为与网络评论数据衔接，特将10分制数据转换为5个等级，即0~2分为非常差，3~4分为较差，5~6分为一般，7~8分为较好，9~10分为非常好。

（2）旅游网站的网络自由评论数据需要借助语义挖掘工具来分析游客价格感知。网络评论数据是由最具有权威性的两大在线旅游代理企业（携程网和驴妈妈网）提供的，收集近2年（2015年1月1日—2016年12月31日）网友对40处世界遗产景区的自由评论作为数据源进行分析，在样本选择上，采取如下原则：①剔除同一网友对同一方面的重复信息；②剔除带有明显褒贬倾向的商家评论；③剔除仅具有客观陈述的无用数据。经过筛选，得到有效网络评论数共计137382条，其中网络评论在4000条以上的世界遗产景区共10处，1000~4000条之间的世界遗产景区共16处，1000条以下的世界遗产景区共14处（见表6-2），样本数据分布合理。

表6-2　世界遗产景区游客网络评论量

景区样本	网评数量	问卷份数	景区样本	网评数量	问卷份数
青城山和都江堰	2570	120	明十三陵	1231	100
庐山	300	110	苏州古典园林	7242	91

续表 6-2

景区样本	网评数量	问卷份数	景区样本	网评数量	问卷份数
布达拉宫	2368	100	颐和园	7681	93
云冈石窟	2162	98	故宫	33524	160
五台山	456	100	八达岭长城	4254	150
平遥古城	2406	110	天坛	370	95
红河哈尼梯田	308	100	周口店北京人遗址	463	100
龙门石窟	2133	80	云南石林	1757	100
秦始皇陵	11149	96	武陵源风景名胜区	477	140
皖南古村落-西递、宏村	7940	100	九寨沟风景名胜区	6864	150
大足石刻	996	100	湖北神农架	434	100
丽江古城	586	130	三清山国家公园	1208	120
承德避暑山庄	1928	95	黄龙风景名胜区	1460	88
开平碉楼	535	100	广东丹霞山	1719	100
武当山古建筑群	1110	100	新疆天山	760	88
曲阜孔庙孔林及孔府	1445	110	四川大熊猫栖息地	3836	100
殷墟	686	100	黄山	9390	170
福建土楼	490	120	峨眉山-乐山大佛	4086	120
中国大运河杭州景区	590	89	泰山	5457	120
沈阳故宫	1874	100	武夷山	3137	100

资料来源：课题组整理。

2. 游客价格感知评价指标体系构建及权重确定

(1) 指标选取

这部分研究采用频度统计法、网络数据分析法、专家咨询法对指标进行设置和筛选，经过多轮研讨、调整和反馈得到世界遗产游客价格感知评价指标体系，体系主要由7个指标和26个网络评论内容组成。指标包括旅游资源、游客成本、旅游产品、景区服务与管理水平、游客忠诚度、配套设施、游客情感因素。采用文本分析法并借助语义挖掘工具，对口语形式的网络评论内容进行词义提炼和分析，将提炼出的词语按照26个网络评论内容进行归类，找出对应的指标并对其评价，评价标准按照非常好、较好、一般、较差、非常差这五个级别进行打分，从而获得每个级别累积频次，如表 6-3 所示，以世界遗产景区青城山和都江堰为例。

表 6-3　世界遗产游客价格感知评价指标及权重

指　标			评价标准					分　类
指标类别	评论频次	权重	非常好	较好	一般	较差	非常差	评论内容
旅游资源	542	0.33	421	85	30	5	1	生态环境 景观质量 饮食特色 文化底蕴
游客成本	239	0.14	17	36	130	46	10	花费的费用 花费的时间 花费的精力
旅游产品	399	0.14	52	116	172	39	20	产品品质 产品价格 产品特色 产品功效
景区服务与管理水平	434	0.12	35	72	181	98	48	服务态度 服务效率 服务技能 管理水平
游客忠诚度	319	0.04	0	34	77	86	122	对本景区的重游 对本景区的推荐 对本景区的态度
配套设施	374	0.12	127	164	82	1	0	接待设施 卫生条件 公共服务设施 交通便利性
游客情感因素	316	0.11	0	80	182	38	16	身心愉悦 社会交往 情感偏好 旅游安全感

资料来源：课题组整理。

(2) 指标权重确定

结合网络评论数据和专家咨询意见，单层次模糊综合评价时，评价指标集合设为 $U=\{u_1, u_2, u_3, u_4, u_5, u_6, u_7\}$，其中，$u_1$、$u_2$、$u_3$、$u_4$、

u_5、u_6、u_7分别代表旅游资源、游客成本、旅游产品、景区服务与管理水平、游客忠诚度、配套设施、游客情感因素。

对指标进行评价时，将评价等级划分为非常好、较好、一般、较差、非常差五个等级标准，得到评语集合 $V=\{v_1, v_2, v_3, v_4, v_5\}$，其中，$v_1$、$v_2$、$v_3$、$v_4$、$v_5$分别代表非常好、较好、一般、较差、非常差，评语集合 V 里元素对应的赋分值为 $\{100, 80, 60, 40, 20\}$。

结合对景区的网络评论，应用层次分析法确定各指标的权重 a_i（见表 6-4），进而获得模糊子集 $A=\{a_1, a_2, a_3, a_4, a_5\}$，且 $\sum_{i=1}^{5} a_i = 1$，也即 $A=\{0.33, 0.14, 0.14, 0.12, 0.04, 0.12, 0.11\}$。

表 6-4　各评价指标权重

U	u_1	u_2	u_3	u_4	u_5	u_6	u_7	a_i
u_1	1	3	3	3	5	3	3	0.33
u_2		1	1	3	3	1	1	0.14
u_3			1	3	3	1	1	0.14
u_4				1	3	1	1	0.12
u_5					1	1/3	1/3	0.04
u_6						1	1	0.12
u_7							1	0.11

资料来源：课题组设定。

注：CR=0.064<1，判断矩阵具有一致性。

（3）游客价格感知评价

分别求 7 个指标各个评价等级的隶属程度，构成评判决策矩阵 $\boldsymbol{R}_i=(r_{i1}, r_{i2}, r_{i3}, r_{i4}, r_{i5})$，$i=1, 2, 3, 4, 5, 6, 7$。评价指标集 U 中某个指标 u_i对应某一个评语 v_j的评价等级的出现频次记为 v_{ij}，相应的隶属度计为 r_{ij}，相应的公式如下：

$$r_{ij}=\frac{v_{ij}}{\sum_{k=1}^{5} v_{ik}}$$

根据表 6-3 中的数据，计算得到判断矩阵 **R** 如下：

$$\boldsymbol{R}=\begin{bmatrix}R_1\\R_2\\R_3\\R_4\\R_5\\R\\R\end{bmatrix}=\begin{bmatrix}0.777 & 0.157 & 0.055 & 0.009 & 0.002\\0.071 & 0.151 & 0.544 & 0.192 & 0.042\\0.130 & 0.291 & 0.431 & 0.098 & 0.050\\0.081 & 0.166 & 0.417 & 0.226 & 0.111\\0 & 0.107 & 0.241 & 0.270 & 0.382\\0.340 & 0.439 & 0.219 & 0.003 & 0\\0 & 0.253 & 0.576 & 0.120 & 0.051\end{bmatrix}。$$

得到综合评价结果：

$$\begin{aligned}\boldsymbol{B}&=\boldsymbol{A}\oplus\boldsymbol{R}\\&=\left[\min\left(1,\ \sum_{k=1}^{7}a_kr_{k1}\right),\ \min\left(1,\ \sum_{k=1}^{7}a_kr_{k2}\right),\ \min\left(1,\ \sum_{k=1}^{7}a_kr_{k3}\right),\right.\\&\qquad\left.\min\left(1,\ \sum_{k=1}^{7}a_kr_{k4}\right),\ \min\left(1,\ \sum_{k=1}^{7}a_kr_{k5}\right)\right]\\&=(0.335\ 0.218\ 0.300\ 0.096\ 0.047)\end{aligned}$$

结合评语集 V，通过加权平均方法，得出游客对世界遗产景区（青城山和都江堰）的价格感知指数 73.72，为“较好”。这表明游客对青城山和都江堰景区各方面服务总体上满意。

按照此类方法，对其余 39 处世界遗产景区进行信息收集、模型设计和游客价格感知指数的计算，并按照游客价格感知指数进行排序，最终获得了 40 处世界遗产游客价格感知排行榜（见表 6-5）。

表 6-5　40 处世界遗产游客价格感知排行榜

序号	景　　区	游客价格感知指数	游客价格感知等级
1	故宫	81.41	非常好
2	青城山和都江堰	73.72	较好
3	秦始皇陵	70.49	较好
4	黄山	67.33	较好
5	明十三陵	65.30	较好
6	颐和园	63.88	较好

续表 6-5

序号	景　　区	游客价格感知指数	游客价格感知等级
7	皖南古村落-西递、宏村	63.63	较好
8	苏州古典园林	62.61	较好
9	九寨沟风景名胜区	62.23	较好
10	布达拉宫	62.10	较好
11	云冈石窟	62.10	较好
12	泰山	59.39	一般
13	五台山	58.00	一般
14	八达岭长城	56.58	一般
15	峨眉山-乐山大佛	55.85	一般
16	四川大熊猫栖息地	55.74	一般
17	武夷山	54.33	一般
18	龙门石窟	52.69	一般
19	沈阳故宫	51.78	一般
20	云南石林	51.54	一般
21	承德避暑山庄	51.50	一般
22	广东丹霞山	51.08	一般
23	黄龙风景名胜区	50.94	一般
24	三清山国家公园	50.82	一般
25	曲阜孔庙孔林及孔府	50.52	一般
26	大足石刻	50.01	一般
27	武当山古建筑群	49.85	一般
28	殷墟	49.38	一般
29	天坛	49.13	一般
30	武陵源风景名胜区	48.74	一般
31	湖北神农架	48.65	一般
32	新疆天山	48.36	一般
33	开平碉楼	48.30	一般
34	庐山	48.21	一般
35	福建土楼	48.19	一般
36	丽江古城	47.98	一般
37	周口店北京人遗址	47.55	一般
38	中国大运河杭州景区	47.24	一般
39	红河哈尼梯田	47.22	一般
40	平遥古城	36.80	较差

资料来源：课题组设定。

3. 模型变量选择

被解释变量：被解释变量为我国世界遗产景区门票价格，记为 *price*，单位为元，做模型估计时采用其自然对数的形式。通过景区官网和旅游网站在收集景区门票价格时，针对有的景区实行淡旺季价格的情况，本文取值采用加权平均数的值。例如黄山门票价格为：旺季（3 月 1 日—11 月 31 日）230 元，淡季（12 月 1 日—2 月 28 日）150 元，加权平均值（230×9+150×3）/12=210 元。针对有的景区内除门票外还有其他自费项目收费和景区内部小景区再次收费的情况，不计入景区门票价格。

解释变量：考虑到影响我国世界遗产景区门票价格的因素有 9 个，所以设定了 9 个解释变量（见表 6-6）。其中，景区所在城市等级用 *city* 表示；景区旅游资源质量等级用 *wh* 表示；景区面积用 *area* 表示，做模型估计时取用其自然对数的形式；景区旅游资源富集度用 *c* 表示；区域经济环境用 *avgdp* 表示，做模型估计时取用其自然对数的形式；旅游产业环境用 *industry* 表示，做模型估计时取用其自然对数的形式；景区行业环境用 *compete* 表示；游客价格感知用 *satisfaction* 表示；景区客流量用 *footfall* 表示，做模型估计时取用其自然对数的形式。

景区门票定价理论模型为

$$price = f(city, wh, area, c, avgdp, industry, compete, satisfaction, footfall)$$

表 6-6 变量描述

变　量	描　述
我国世界遗产景区门票价格（*price*）	旅游景区门票价格（元）的自然对数
景区所在城市等级（*city*）	如果城市是直辖市，则赋值为 3； 如果城市是省会或副省级城市，则赋值为 2； 如果城市是一般地级市，则赋值为 1
景区旅游资源质量等级（*wh*）	5A 级世界遗产景区赋值为 *wh*=5； 4A 级世界遗产景区赋值为 *wh*=4
景区面积（*area*）	景区占地面积（公顷）的自然对数
旅游资源富集度（*c*）	历史文化旅游资源的景区赋值为 *c*=1； 自然旅游资源的景区赋值为 *c*=2； 自然文化双遗产景区赋值为 *c*=3

续表 6-6

变　　量	描　　述
区域经济环境（*avgdp*）	所在省份人均 GDP（元）的自然对数
旅游产业环境（*industry*）	所在省旅游收入/人均 GDP 的自然对数
景区行业环境（*compete*）	采用相同省份同级别景区的数量
游客价格感知（*satisfaction*）	构建指标体系，获得景区价格感知评分
景区客流量（*footfall*）	景区客流量（万人次）的自然对数

资料来源：课题组整理。

4. 模型设定

在构建模型之前，首先对各个解释变量进行相关关系检验，结果如表 6-7 所示。可以看到，各变量之间的相关系数较小，没有发现严重的多重共线性问题。所以构建的景区门票价格模型为

$$price = \beta_0 + \beta_1 city + \beta_2 wh + \beta_3 area + \beta_4 c + \beta_5 avgdp + \beta_6 industry + \beta_7 compete + \beta_8 satisfaction + \beta_9 footfall + u$$

式中，参数 β_0 为截距项，β_1，β_2，β_3，β_4，β_5，β_6，β_7，β_8，β_9 为解释变量的回归系数，u 为误差项。

表 6-7　解释变量相关系数表

变量	城市等级	旅游资源质量等级	景区面积	旅游资源富集度	区域经济环境	旅游产业环境	景区行业环境	游客价格感知	景区客流量
城市等级	1								
旅游资源质量等级	-0. 0769	1							
景区面积	0. 0386	-0. 3053	1						
旅游资源富集度	-0. 2638	0. 1420	0. 4713	1					
区域经济环境	0. 5373	-0. 0936	-0. 1788	-0. 2778	1				
旅游产业环境	0. 0455	-0. 1067	0. 0543	-0. 0294	-0. 3486	1			
景区行业环境	-0. 3562	-0. 0619	0. 1193	0. 2100	0. 0623	-0. 3403	1		

续表 6-7

变量	城市等级	旅游资源质量等级	景区面积	旅游资源富集度	区域经济环境	旅游产业环境	景区行业环境	游客价格感知	景区客流量
游客价格感知	0.3417	0.2532	−0.0141	−0.0277	0.2597	−0.1281	0.0445	1	
景区客流量	0.0979	0.2061	−0.1365	−0.2511	0.0697	0.053	−0.0600	0.020	1

资料来源：课题组计算。

（三）实证结果分析

表 6-8 报告了计量结果，可以看到：城市等级未通过 t 检验，但世界遗产景区所处城市的等级的回归系数为负，该结果拒绝假设检验 H_1。实际数据分析得出，直辖市中世界遗产景区的门票平均价格低于省会城市和副省级城市的世界遗产景区门票平均价格，而一般地级市和县级市的世界遗产景区门票平均价格是最高的。对此的解释为：大城市制定景区门票时多从公益角度考虑，并不过于看重门票经济，所以景区门票价格反而较低，如故宫旺季门票价格 60 元，在全国的世界遗产景区是偏低的。

表 6-8　回归结果

变　量	回归系数	t 统计量
城市等级	−0.0599	0.440
旅游资源质量等级	0.2101	0.080*
景区面积	0.0203	0.199
旅游资源富集度	0.0772	0.448
区域经济环境	−0.7112	0.005**
旅游产业环境	−0.6259	0.015**
景区行业环境	0.0045	0.345
游客价格感知	0.1189	0.099*
景区客流量	0.0006	0.491
截距项（常数项）	9.7713	0.003**
R^2=0.3868　Adj R^2=0.2519		$P>F$ = 0.0009　n=40

资料来源：课题组计算。

注：**和*分别表示检验在 0.05 和 0.1 的置信水平上显著。

世界遗产景区旅游资源质量等级在 0.1 的置信水平上通过了显著性检验，且相关系数为 0.21，说明世界遗产景区与门票价格正相关，支持原假设 H_2。即平均来说，5A 级世界遗产景区门票平均价格为 130 元，而 4A 级世界遗产景区门票平均价格为 90 元，这说明现实门票价格能够反映景区资源质量的相对价值。景区旅游资源等级较高、品质较好、竞争力较强，理应收取更高的门票费用，体现了经济学中“质优价高”的道理。

世界遗产景区占地面积的回归系数为正，说明世界遗产景区占地面积与景区门票价格正相关，支持原假设 H_3。这与我们通常理解的情况相符合，因为世界遗产景区面积越大，可设置的游览、观赏和参与的项目越多，旅游者游览需要花费的时间越长旅游者得到的越多，那么需要付出的门票价格就越高。从回归结果我们可知，景区面积对景区门票价格的影响是较微小的正向变化。从原始数据看到，自然遗产景区门票平均价格为 157 元，平均占地面积 88218 公顷，而历史文化遗产景区门票平均价格为 108 元，平均占地面积 1620 公顷，因为拥有自然旅游资源的景区往往面积较大，如很多名山占地面积都很大，游览花费的时间也较长，一些逗留时间比较短的游客并不喜欢选择这样的景区。

世界遗产景区旅游资源富集度对门票价格的影响，未通过 t 检验。从结果来看，回归系数为正，接受原假设 H_4。文化遗产景区和自然遗产景区的价值本身没有优劣之分，价格差异反映的是市场认同度的不同。首先，自然遗产景区几乎适合所有旅游者的需求，而文化遗产景区要求旅游者有一定的文化素养，需求范围相对减少。其次，从市场的角度来看，自然资源景区出现供不应求上涨趋势，国内外游客将自然景区作为首选的旅游目的地，尤其自然遗产景区已形成增速最快、潜力最强的旅游市场。最后，自然资源景区面积大、地域广，对其开发成本高，这些都是导致自然遗产景区门票平均价格高于文化遗产景区的原因。以九寨沟风景名胜区为代表的门票价格远远高于一般景区的现象，与此结论是相符合的。

区域经济环境在 0.05 的置信水平上通过显著性检验，且该变量的回归系数为负，拒绝原假设 H_5，说明区域经济环境与遗产景区门票价格呈负相关关系。分析数据显示，区域经济环境相对较差、旅游产业环境差的地区遗产景区门票平均价格最高，区域经济环境相对较差、旅游产业环境中等的地区次之，区域经济环境相对较好、旅游产业环境差的地区遗产景区门票平均价格第三，区域经济环境相对较好、旅游产业环境中等的地区遗产景区门票平均价格最低，体现了遗产景区门票价格水平有随区域经济环境提升而下降的态势。究其原因，一方面对于区域经济环境好的地区，景区的公益性质比较显著，而一些经济不发达地区为了提高旅游收入，更多地依靠提高景区门票价格；另一方面也说明了我国将景区的经济权下放后，全国范围内的同级别的景区间的门票价格水平存在较大差异，没有统一的定价机制或模型，最终导致门票价格与地区经济发展水平不一致。

旅游产业环境在 0.05 的置信水平上通过显著性检验，其回归系数为负，拒绝原假设 H_6。如图 6-1 所示，门票价格“中间低，两边高”，两边相较“左边比右边高”。旅游产业收入占 GDP 比值在 23%左右的地区，门票平均价格最低（109 元）；比值低于 20%的地区（门票平均价格为 139 元）和高于 30%的地区（门票平均价格为 122 元），门票价格相对较高，总体上旅游产业环境与遗产景区门票价格负相关。旅游产业收入占 GDP 的比值取决于旅游产业收入和 GDP 两方面，理论上比例高或低都存在两种情况。一种是地区 GDP 水平较高的情况，旅游产业收入占 GDP 的比值高，意味着旅游产业发展比较成熟，综合创收能力较强，旅游产业环境较好；比值低则表明旅游产业发展可能受到资源条件限制，或当地对旅游产业不够重视，旅游产业发展水平较低，旅游产业环境较差。另一种是地区 GDP 水平较低的情况，旅游产业收入占 GDP 比值高意味着旅游资源条件好，当地在经济发展过程中旅游产业启动容易，旅游产业在整个产业结构中占有了相对重要的地位，地区经济依赖于旅游产业的直接创收和辐射效应，旅游产业环境尤其是产业政策环境较好；旅游产业收入占 GDP 比值比较低，说明旅游产业受到区域经济环境的制约，产业发展水平较低。从图 6-1 可以看到世界遗产景区门票价格随旅游产业环境的变化而变化的规律性。

景区行业环境未通过 t 检验，回归系数为正，拒绝原假设 H_7。说明景区行业环境与遗产景区门票价格成正相关性。景区行业环境越好，同省同等级别的景区数量越多，竞争力越大，然而世界遗产景区本身具有非排他性和非竞争性，并没有使景区门票价格降低，相反由于景区管理者之间的“攀比心理”和消费者对“价格与质量等同”观点的认可，使遗产景区门票价格不降反升。如拥有 12 个 5A 级景区的广东省，遗产景区广东丹霞山门票价格 200 元；拥有 11 个 5A 级景区的安徽省遗产景区黄山门票价格 210 元。

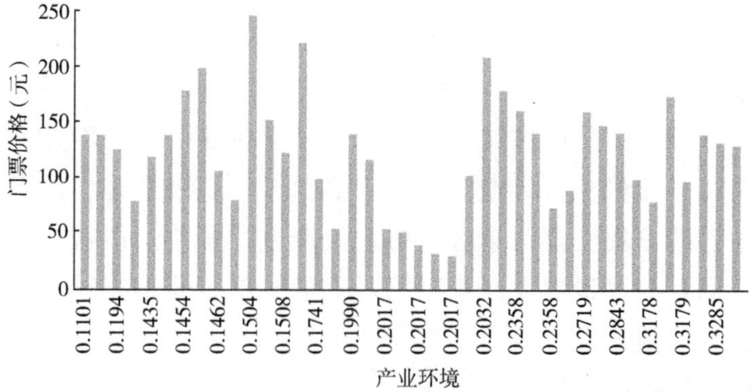

图 6-1　旅游产业环境和世界遗产景区门票价格关系

资料来源：课题组计算。

游客价格感知与世界遗产景区门票价格正相关，支持原假设 H_8。世界遗产旅游景区游客对景区内相关设施及环境包括内外环境、卫生环境、设施、服务、安全等的综合评分越高说明越满意，意味着景区旅游资源质量等级越高，同时也反映了游客对景区门票价格的容忍度越高，游客对世界遗产景区门票价格的心里门槛越高，则应该收取更高的门票价格。

世界遗产景区客流量未通过 t 检验，回归系数为正，支持原假设 H_9。这是符合事实数据的，旅游者对世界遗产的价格敏感度不高，门票并没有起到控制游客量的作用。如 2001 年 2 月故宫门票由 30 元涨到 40 元后，与往年同期相比，客流量有了短暂的小幅下降，之后又很快恢复。因为有限的数量以及在旅游资源上举世无双的独特性，使得世界遗产地旅游需求呈现较强的刚性，所以一定范围内的提价（除非价格提到特别高的程度）收效甚微，短期内可能会出现暂时性的客流下降，长期客流仍然是有增无减。特别是对于那些不远万里去游览世界遗产景区的游客，交通费用已经不菲，门票价格有一定程度的提高不会影响他们的参观决定，所以也就很难达到利用价格杠杆控制超负荷的客流量的目的。

（四）研究小结与讨论

1. 研究的理论价值

景区是比较特殊的一种产品，生产过程也比较特殊，所以适用于一般商品、符合经济学规律的一些定价机制都不太适用于景区门票的定价。但作为商品来说，在世界遗产景区门票制定上仍能总结出一些规律。从实证结果可见，世界遗产景区在城市等级、景区所在城市的人均 GDP、景区占地面积、景区客流量、世界遗产景区是否属于 5A 级景区、世界遗产景区的两种旅游资源富集度都对景区门票定价产生了影响。但这些影响还不具有规律性，而且我国世界遗产景区门票价格的制定受地方景区管理部门的主观影响较为严重。

2. 研究的应用价值

研究最主要的应用价值是为我国景区特别是世界遗产景区的门票价格制定提供指导。景区管理部门可参考城市等级、景区所在城市的人均 GDP、景区占地面积、景区客流量、是否属于 5A 级景区、拥有旅游资源富集度等因素来制定旅游景区门票价格。制定门票价格的过程当中还要参照国外同等级景区门票价格进行对比。研究分析的多种因素会影响景区门票价格，反过来也说明景区门票收入的一部分必须对这些影响因素进行反哺。即门票收入中的一部分应用于景区资源保护、设施修缮、资源开发升级、景区游览内容扩充与提升等，使游客获得更高的价格感知，如此循环，才能保证景区产品质价相符、收费合理。

第二节　世界遗产景区门票定价合理性分析

一、世界遗产景区门票价格数学模型构建

以 40 处世界遗产景区为研究样本，采用 2016 年门票价格信息，从景区内部因素和外部因素两方面进行统计分析。由前述可知，影响世界遗产景区门票价格的因素主要有 9 个，其中景区的内部自身因素有旅游资源质量等级、景区面积、旅游资源富集度、游客价格感知、景区客流量 5 个因

素；景区外部环境因素有城市等级、区域经济环境、旅游产业环境和景区行业环境 4 个因素。各因素与门票价格相关程度依次为：区域经济环境、旅游产业环境、旅游资源质量等级、游客价格感知、旅游资源富集度、城市等级、景区面积、景区行业环境、景区客流量。

（一）景区定价影响因素纵向分级

邀请中国旅游研究院专家对世界遗产景区门票价格合理性评价指标的评分标准进行确定。综合了对数据的分析和专家咨询意见，将影响世界遗产景区门票价格主要 9 大因素进行级别划分及其赋值分别如下：

城市等级：表示城市等级被划分为直辖市、省会或副省会、地级市三种等级，城市越发达，交通网络越齐全，吸引力越大。对其分别赋值为 3，2，1，将其转化为百分制后，赋值见表 6-9。

旅游资源质量等级：表示产品质量。理论上，分值按景区等级从 A 级到 5A 级，应分别赋值为 1，2，3，4，5，将其转化为百分制后，赋值见表 6-9。

景区面积：表示产品数量。要考察景区产品丰富程度，可游面积或游览时间更为有效。但结合数据获取的可能性，最终选用景区面积作为表示景区产品数量的因素。具体分组赋值见表 6-9。

旅游资源富集度：即文化遗产、自然遗产、自然文化双遗产，依次赋值为 1，2，3，将其转化为百分制后，赋值见表 6-9。

区域经济环境：采用景区所在省份人均 GDP 为量化指标，数据来源时间范围为 2016 年全年。具体分组赋值见表 6-9。

旅游产业环境：采用景区所在省份旅游收入占 GDP 的比值为量化指标，数据来源时间范围为 2016 年全年。具体分组赋值见表 6-9。

景区行业环境：采用相同省份、相同级别景区的数量为量化指标。根据 2016 年国家颁布的各省 5A 级景区名单及世界遗产景区名单，具体分组赋值见表 6-9。

游客价格感知：每个世界遗产游客价格感知指数见表 6-5。

景区客流量：考察每个世界遗产景区 2016 年全年接待旅游人数，具体分组赋值见表 6-9。

（二）权重计算

根据上述实证研究，得出城市等级、旅游资源质量等级、景区面积、旅游资源富集度、区域经济环境、旅游产业环境、景区行业环境、游客价格感知、景区客流量与世界遗产景区门票价格的回归系数分别为

$\beta_1=-0.0599$，$\beta_2=0.2102$，$\beta_3=0.0204$，$\beta_4=0.0772$，$\beta_5=-0.7111$，$\beta_6=-0.6259$，$\beta_7=0.0045$，$\beta_8=0.1189$，$\beta_9=0.00064$，根据公式：$P_i=\frac{\beta_i}{\sum_{i=1}^{9}|\beta_i|}$，可计算出各回归系数的$P_i$值（见表6-9）。

表6-9　世界遗产景区门票价格影响因素分数表

影响因素		权重（P_i）	评分标准	赋值（百分制）
自身因素	旅游资源质量等级	0.114	属于5A级景区 属于4A级景区 属于3A级景区 属于2A级景区 属于A级景区	99 80 60 40 20
	景区面积（公顷）	0.011	景区面积>50000 30000<景区面积≤50000 10000<景区面积≤30000 5000<景区面积≤10000 3000<景区面积≤5000 1000<景区面积≤3000 500<景区面积≤1000 200<景区面积≤500 100<景区面积≤200 景区面积≤100	99 90 80 70 60 50 40 30 20 10
	旅游资源富集度	0.042	属于自然文化双遗产景区 属于自然遗产景区 属于文化遗产景区	99 66 33
	游客价格感知	0.065	见表6-5	

续表 6-9

影响因素		权重（P_i）	评分标准	赋值（百分制）
自身因素	景区客流量（万人次）	0.00035	景区客流量>3000	99
			2000<景区客流量≤3000	90
			1000<景区客流量≤2000	80
			800<景区客流量≤1000	70
			600<景区客流量≤800	60
			400<景区客流量≤600	50
			200<景区客流量≤400	40
			100<景区客流量≤200	30
			50<景区客流量≤100	20
			景区客流量≤50	10
环境因素	城市等级	0.032	直辖市	99
			省会或副省会	66
			地级市	33
	区域经济环境（元）	0.39	人均 GDP>100000	10
			90000<人均 GDP≤100000	20
			80000<人均 GDP≤90000	30
			70000<人均 GDP≤80000	40
			60000<人均 GDP≤70000	50
			50000<人均 GDP≤60000	60
			40000<人均 GDP≤50000	70
			30000<人均 GDP≤40000	80
			20000<人均 GDP≤30000	90
			人均 GDP≤20000	99
	旅游产业环境	0.342	旅游收入占人均 GDP 比值>0.375	10
			0.35<旅游收入占人均 GDP 比值≤0.375	20
			0.325<旅游收入占人均 GDP 比值≤0.35	30
			0.3<旅游收入占人均 GDP 比值≤0.325	40
			0.275<旅游收入占人均 GDP 比值≤0.3	50
			0.25<旅游收入占人均 GDP 比值≤0.275	60
			0.225<旅游收入占人均 GDP 比值≤0.25	70
			0.2<旅游收入占人均 GDP 比值≤0.225	80
			0.15<旅游收入占人均 GDP 比值≤0.2	90
			旅游收入占人均 GDP 比值≤0.15	99

续表 6-9

影响因素		权重 (P_i)	评分标准	赋值（百分制）
环境因素	景区行业环境	0.002	相同省份同级别景区个数>22	99
			18<相同省份同级别景区个数≤20	90
			16<相同省份同级别景区个数≤18	80
			14<相同省份同级别景区个数≤16	70
			12<相同省份同级别景区个数≤14	60
			10<相同省份同级别景区个数≤12	50
			8<相同省份同级别景区个数≤10	40
			6<相同省份同级别景区个数≤8	30
			4<相同省份同级别景区个数≤6	20
			相同省份同级别景区个数≤4	10

资料来源：课题组计算。

（三）计算世界遗产景区各影响因素综合得分

计算世界遗产景区各影响因素综合得分的公式为：$\sum_{i=1}^{9} P_i x_j$，其中，P_i为权重；x_j为世界遗产景区的第j个影响因素，按照表 6-9 评分标准计算得分。

（四）世界遗产景区门票价格数学模型

$P = A \times \sum_{i=1}^{9} P_i x_j$，其中，$P$ 为世界遗产景区门票价格，进而可得世界遗产景区门票价格合理指数。对 40 处世界遗产景区，根据各指标，求出每个世界遗产景区的综合得分，最后计算出 40 处世界遗产景区门票合理指数 A 值。

二、世界文化遗产景区门票定价分析

如表 6-10 所示，27 处世界文化遗产景区门票平均价格为 108 元，景区平均综合评分 65 分，世界文化遗产景区门票价格平均合理水平为 1.6627。门票价格合理指数高于 1.6627 水平的遗产景区视为不合理的，反之则是相对合理的。可以看出，合理指数 A 值最高的为开平碉楼，合理指数为 2.7004，其景点较多。最低的是周口店北京人遗址，合理指数为 0.6476。

表 6-10 中国世界文化遗产景区门票价格合理指数对比

景区	省份	地区	门票价格(元)	景区综合评分	合理指数 A 值	结论
开平碉楼	广东	东部	180	67	2.7004	不合理
青城山和都江堰	四川	西部	180	75	2.4120	不合理
庐山	江西	中部	161	68	2.3825	不合理
明十三陵	北京	东部	118	50	2.3494	不合理
云冈石窟	山西	中部	140	62	2.2726	不合理
平遥古城	山西	中部	130	60	2.1602	不合理
大足石刻	重庆	西部	153	71	2.1460	不合理
五台山	山西	中部	133	62	2.1329	不合理
布达拉宫	西藏	西部	142	67	2.1040	不合理
曲阜孔庙孔林及孔府	山东	东部	143	73	1.9617	不合理
秦始皇陵	陕西	中部	140	75	1.8787	不合理
福建土楼	福建	东部	140	80	1.7393	不合理
中国大运河杭州景区	浙江	东部	100	60	1.6762	不合理
武当山古建筑群	湖北	中部	123	74	1.6753	不合理
红河哈尼梯田	云南	西部	100	63	1.5955	合理
龙门石窟	河南	中部	120	81	1.4792	合理
承德避暑山庄	河北	东部	108	81	1.3274	合理
皖南古村落-西递、宏村	安徽	中部	104	79	1.3184	合理
苏州古典园林	江苏	东部	80	62	1.2877	合理
丽江古城	云南	西部	80	64	1.2405	合理
殷墟	河南	中部	80	69	1.1621	合理
颐和园	北京	东部	56	50	1.1232	合理
故宫	北京	东部	52	51	1.0206	合理
八达岭长城	北京	东部	41	49	0.8314	合理
沈阳故宫	辽宁	东部	56	70	0.7931	合理
天坛	北京	东部	33	49	0.6752	合理
周口店北京人遗址	北京	东部	30	46	0.6476	合理
平均			108	65	1.6627	

资料来源：课题组计算。

总的来说，世界文化遗产景区门票价格与合理指数 A 值基本对应，但也存在例外（见表 6-11）。合理指数 A 值高于相对平均合理水平而门票却低于全国平均水平的景区有 1 个，即浙江的中国大运河杭州景区，主要是浙江的经济发展水平较高，人均 GDP 全国排名第 5，门票价格低于平均水平，但景区门票价格各影响因素综合得分较低；另外，合理指数 A 值低于相对平均合理水平而门票却高于全国平均水平的景区有 2 个，分别是河南的龙门石窟、河北的承德避暑山庄，两个景区综合得分较高，省外游客占相对重要的地位，因此这两个景区在定价时更多地受到了外省游客市场的影响。

表 6-11　合理指数 A 值与门票价格不相符的景区

与全国平均水平相比	数量	景　区
A 值高、门票低	1	中国大运河杭州景区（浙江）
A 值低、门票高	2	龙门石窟（河南）、承德避暑山庄（河北）

资料来源：课题组计算。

从区域分布来看，国内不同世界文化遗产景区门票价格合理指数 A 值表现出了明显的地区差异。合理指数 A 值高于全国水平的有 14 个景区，其中，东部 5 个，中部 6 个，西部 3 个。合理指数 A 值低于全国水平的有 13 个景区，其中，东部 8 个，中部 3 个，西部 2 个。

三、世界自然遗产景区门票定价比较

表 6-12 报告了 13 处世界自然遗产（含自然与文化双遗产）景区门票合理指数计算结果，可以看出，世界自然遗产（含自然与文化双遗产）景区门票平均价格为 157 元，景区综合评分为 74 分，世界自然遗产景区门票价格平均合理水平为 2.1156。门票价格合理指数高于 2.1156 水平的遗产景区，被视为不合理的，反之则相对合理。

从区域分布来看，景区门票价格合理指数 A 值高于平均合理水平的 6 个世界自然遗产景区中中西部 5 个，东部 1 个。这一分布与文化遗产景区相似。合理指数 A 值最高的为湖南的武陵源风景名胜区，其对应的门票价格也最高，达到248元。此外，合理指数A值低于平均合理水平的7个世界自然遗产景区中东部2个，西部5个。这一分布情况与世界文化遗产不同，合理指数A值低于平均合理水平的世界自然遗产或世界自然与文化双遗产景区在东西部分布较为均衡。合理指数A值较低的是峨眉山-乐山大佛，其门票价格是90元。最低的是四川大熊猫栖息地，其门票价格为75元。

表6-12　中国世界自然遗产（含自然与文化双遗产）景区门票价格合理指数对比

景区	省份	地区	门票价格(元)	景区综合评分	合理指数A值	结论
武陵源风景名胜区	湖南	中部	248	80	3.1121	不合理
湖北神农架	湖北	中部	223	75	2.9751	不合理
广东丹霞山	广东	东部	200	71	2.8092	不合理
云南石林	云南	西部	175	65	2.6735	不合理
黄山	安徽	中部	210	83	2.5394	不合理
三清山国家公园	江西	中部	148	69	2.1355	不合理
九寨沟风景名胜区	四川	西部	162	78	2.0791	合理
武夷山	福建	东部	140	73	1.9179	合理
黄龙风景名胜区	四川	西部	142	77	1.8443	合理
泰山	山东	东部	127	77	1.6471	合理
新疆天山	新疆	西部	98	63	1.5617	合理
峨眉山-乐山大佛	四川	西部	90	78	1.1509	合理
四川大熊猫栖息地	四川	西部	75	74	1.0125	合理
平均			157	74	2.1156	

资料来源：课题组计算。

国内不同类型世界遗产景区门票价格存在较大差异，世界自然遗产（含自然与文化双遗产）景区的平均门票价格为157元，门票平均合理水平为2.1156；世界文化遗产的平均门票价格和合理水平较低，分别为108元和1.6627。

总的来说，东部景区合理指数A值相对较低，而中部同类景区合理指

数 A 值相对较高，西部则有高有低。世界自然遗产（含自然与文化双遗产）景区的门票价格合理指数 A 值相对而言比世界文化遗产景区高。

四、研究总结

综上所述，我国世界文化遗产景区的门票定价地区差异比较明显。东部地区的价格合理指数较低，中西部地区的价格合理指数则较高。主要原因是我国东、西部地区的地方经济、政策、行业发展状况以及人们生活水平的差异。东部地区属于相对经济发达地区，人口密集，地方经济收入较高，人均收入水平较高，是国内主要的客源地。与之相反，中西部地区的地方财政能力较弱，旅游业在经济发展中占据较重要的地位，然而人们生活水平较低，旅游消费占消费的比重不如东部。因此，尽管东部地区门票价格在绝对值上较高，但实际计算出来的合理指数 A 值依然会低于中西部地区；中西部地区的世界文化遗产景区门票价格相对于当地的人均收入水平来说是较高的，超过当地人们收入水平所应承受的价格。同时，世界自然遗产（含自然与文化双遗产）景区的门票定价地区差异不明显，总体上东西部地区的门票价格合理指数低于全国平均水平，中部地区的门票定价较为复杂，门票价格水平普遍较文化遗产景区为高。主要原因是世界自然与文化双遗产蕴含更大的遗产价值，而世界自然遗产相对于世界文化遗产来说，景区体量更大、开发运营成本更高、定价自主性更强，因此呈现了更高的定价水平。

第七章　旅游景区收费体制改革的基本思路

内容提要　实践中，旅游景区收费体制存在着两类景区门票价格形成与管理的运行模式，其成本的分摊和补偿也具有不同的特征和要求，即基于经济目标的旅游景区收费模式和基于社会目标的旅游景区收费模式。旅游景区收费体制的改革方向是依据公共景区核心资源价值特点及权属特点，坚持保护和开发并重，秉持遗产资源管理突出公益性的基本理念，逐步建立具有事业性、公益服务性、非营利性的旅游景区管理制度，打造中国版的国家公园体系，用“制度倒逼”的办法加快景区保护开发的“去门票化”，加快构建以全民公益性为导向、适应旅游业发展新形势、以公共财政为保障的新型公共景区收费体制。

第一节　旅游景区收费体制面临的新形势和模式选择

一、国内外旅游业发展和收费体制的新形势

当前，世界旅游业进入快速发展的黄金时代。世界旅游城市联合会发布的《世界旅游经济趋势报告（2018）》指出，各主要经济体旅游需求稳步增长，跨国旅游基础设施不断完善，旅行成本持续降低，全球旅游总人次和全球旅游总收入仍将保持强劲增长势头。2017 年，全球旅游总人次达到 118.8 亿人次，为全球人口规模的 1.6 倍；全球旅游总收入达 5.3 万亿美元，占全球 GDP 的 6.7%；全球旅游就业人数占全球就业者的 10%以上，全球旅游服务贸易占出口贸易的 7%以上，占全球服务业出口的 30%以上。

世界旅游发展的新趋势和新特征集中表现在三个方面：一是世界旅游发

展格局发生深刻变化。经济全球化深刻地影响着世界旅游业的发展轨迹，打破了原有的旅游市场格局，出现亚太地区、美洲、欧洲“三足鼎立”的新格局。二是旅游业跨界融合现象越来越明显。旅游业具备软硬兼备、融合度高、覆盖面广、拉动力强的综合特性，区域内与旅游相关的旅游资源、产业、生态环境、公共服务、体制机制、政策法规、文明素质等进行全方位、系统化的整合优化和融合提升，使“旅游+”“+旅游”已成为全球旅游新趋势，共同推动旅游业内涵和外延的拓展。三是旅游已成为人们常态化生活方式。世界已经进入“旅游时代”，旅游已基本实现了休闲化、大众化和社会化，成为人们普遍的一种生活方式和基本权利，休闲度假游已经成为旅游业最重要的市场方向，世界旅游强国基本也都是休闲度假旅游比较发达的国家。

改革开放以来，我国实现了从旅游短缺型国家到旅游大国的历史性跨越。旅游业成为国民经济战略性支柱产业。截至 2015 年底，旅游业对国民经济的综合贡献度达到 10. 8%，对社会就业综合贡献度为 10. 2%，已成为世界第一大出境旅游客源国和全球第四大入境旅游接待国。

伴随中国经济进入“三期叠加”的经济新常态，我国经济增长的传统动能逐步弱化，居民消费快速转型升级，旅游景区及旅游业在高速铁路、“互联网+”等新技术、新业态、新管理方式推动下，正迎来黄金发展期，成为我国经济新的增长点，特别是全域旅游成为新时期我国旅游发展的总体战略，是空间全景化的系统旅游，实现从单一景点景区建设管理到综合目的地统筹发展转变；同时加速实现从门票经济向产业经济转变，推动公共景区门票由高价逐步转换为公益性导向的低价或免费。

但也要看到，我国旅游业正处于矛盾凸显期，旅游产品供给跟不上消费升级的需求，政府管理和服务水平跟不上旅游业快速发展的形势，特别是作为旅游业核心要素的旅游景区收费体制存在诸多薄弱环节，因此，深入推进旅游景区收费体制改革，成为我国适应和引领经济发展新常态、加快转变旅游发展方式、着力推进旅游供给侧改革、促进旅游业持续快速健康发展的突破口和着力点。

二、面向未来的旅游景区收费模式选择

本研究认为，实践中存在着两类景区门票价格形成与管理的运行模

式，其成本的分摊和补偿也具有不同的特征和要求，对景区门票价格的形成和收费模式的选择都发挥着重要作用。

（一）基于经济目标的旅游景区收费模式

在政府经济目标的驱动下，旅游景区门票价格的成本构成主要有五个部分（见图 7-1）。

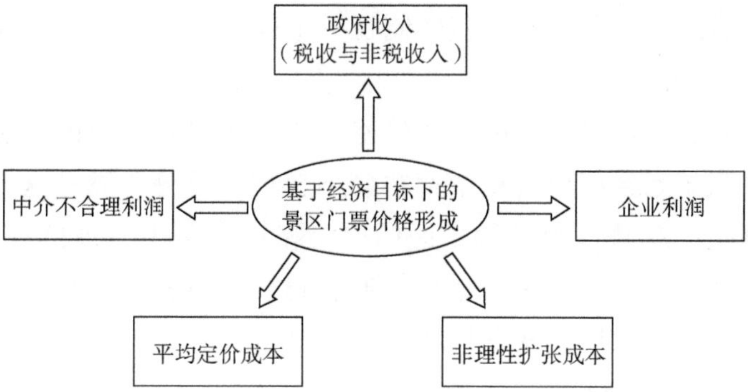

图 7-1　基于经济目标的景区价格形成

一是平均定价成本。这是景区得以建立并且在不损害环境的前提下必然要支付的成本，不论政府的行为目标如何，这部分成本都必然存在。因地方政府的现实条件约束，在财力不足以及产业发展缺乏内生动力时，政府本应该承担的部分资源保护成本和部分开发建设成本均没有得到落实，成本被不合理地全部转嫁给了旅游消费者。之所以能够顺利将成本转嫁是因为自然景区或人文景区存在着垄断性。

二是企业利润。市场经济下，企业投资需要获得正常的利润回报。

三是非理性扩张成本。在现阶段的属地化管理模式下，加上景区的软预算约束，景区必然存在着不合理的成本扩张现象，且由于垄断性，使得消费者对这一部分不必要的扩张成本没有形成有效约束。这部分不合理的利润也是造成景区门票价格上涨的原因。从各地景区不断提升旅游景区等级、不断加大基础设施建设力度等方面能够明显表现出来。

四是旅游中介不合理的利润。这部分利润来源于旅游景区给予旅游中介机构的超高折扣所带来的利润。当前，地方政府、景区和旅游中介存在一定程度的一致性，三方利益共谋现象突出。地方政府、景区都依赖旅游中介带来客源，增加景区收入，带动财政收入和经济增长，旅游中介需要政府放松监管来获取更多利益。旅行社一方面向游客收取高额的门票费用，另一方面支付旅游景区具有折扣的实际票款。这一部分来源于高价门票的不合理利润也在不断地提高着景区门票价格。

五是政府的税收收入与非税收入。在当地经济增长依靠旅游业带动时，政府必然需要以门票的提高来获取相关的生产性财政支出费用以及财政收入。换言之，公共景区收费体制在一定程度上具有与“土地财政”类似的运行逻辑和制度属性。

综上，在政府经济目标驱动的价格形成模式以及当前的景区属地化管理模式下，旅游景区门票价格中存在着不合理的成分，而且这些不合理成分有自我强化的趋势，使旅游景区门票价格居高不下，被群众广为诟病。不合理的成分主要来源于价格管理体制、财权与事权、经济发展阶段等现实性因素。而旅游景区的垄断性质是由景区依托的资源性质决定的。自然的馈赠或历史的馈赠具有不可复制性。垄断性是上述问题产生的现实基础，而产权制度的不合理是门票价格上涨的根本原因。应该认识到，政府经济目标驱动的价格形成模式在现阶段有一定的必然性，我们只有在一定发展阶段和公共财政转型升级的基础上，才有可能实现从经济目标定价向社会目标定价的根本性转变。

（二）基于社会目标的旅游景区收费模式

基于经济目标的旅游景区价格形成模式有一定的历史阶段性。虽然有不合理成分，但毕竟存在产生的现实基础。基于社会目标的旅游景区价格形成模式代表了未来的发展方向（见图 7-2）。

社会目标是指政府充分认识到旅游景区的准公共产品属性以及其正外部性，将行为目标聚焦在对生态环境或者历史文化进行保护上，同时转变仅仅从门票中获益的经济目标思路，注重从旅游产业链的角度来推动经济增长。当政府的行为目标转变为社会目标时，旅游景区的平均定价成本并不发生实质性变化，差别在于政府承担了应该承担的部分甚至全部的定价成本，以及取消了其他不合理的利润部分。首先，部分开发建设成本与体现资源价值的资源保护成本，将由转移支付的方式及地方政府利用旅游景

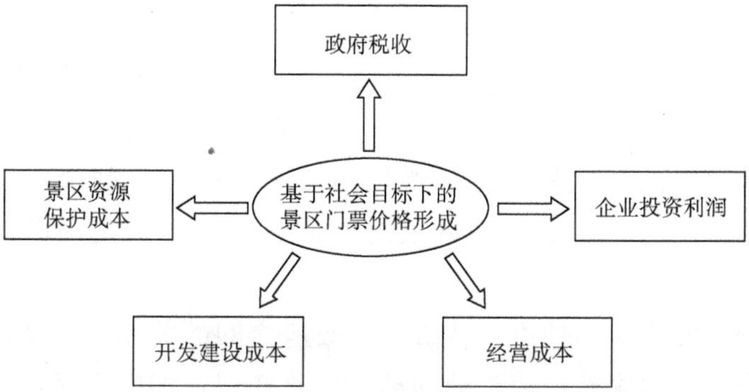

图 7-2 基于社会目标的景区价格形成模式

区收益产业的税收进行补偿。其次，对于投资企业的利润，由政府的监管来控制成本的不必要增加。最后，社会目标下景区门票价格形成中，旅游消费者需要承担的是全部的经营成本以及部分的开发建设成本。

对比图 7-1 和图 7-2，可以明显看到，由于成本分摊项目的不同，以及政府在有关的定价博弈中所采取的策略不同，将导致在社会目标下景区门票的价格明显低于经济目标下的门票价格。由于当前我国各地区的经济发展阶段不同，各级政府的财力不同，所能实现的成本补贴范围就会是不一样的。因此，目前社会目标的定价模式并不具备全面推行的现实条件，但这是旅游景区收费模式的发展方向。

第二节 完善旅游景区收费体制的思路与建议

一、改革方向与基本思路

（一）改革方向和目标

在旅游产业成为我国战略性支柱产业、全域旅游成为旅游业发展新趋势、价格改革进入全面攻坚期的背景下，应按照完善公共景区价格管理政策、推进价格治理现代化的客观要求，在完善旅游景区门票价格形成机制过程中，处理好几个关系。

一是处理好政府与市场的关系。既要充分发挥市场机制在旅游资源配置中的基础性作用，充分调动各方面积极性，大力挖掘旅游发展潜力空间，促进旅游业跨越式发展，又要强调政府在旅游公益事业中的主体责任，合理划分资源保护和商业开发之间的边界责任，实现可持续的绿色发展。

二是处理好中央与地方、各级地方政府之间的关系。为抑制地方过度开发旅游资源、追求经济效益的冲动，应改变现行的完全属地化的公共景区价格管理模式，合理划分中央与地方以及各级地方政府之间的价格管理权限，最大限度地确保景区定价实现社会、生态和经济效益的平衡。

三是处理好旅游资源保护和利用的关系。旅游资源是旅游景区发展的根本，旅游资源的保护和利用是实现景区可持续发展的保障。受政府财政约束，在景区自收自支模式下，景区旅游资源的保护和利用的经费主要从门票收入中获得，因此，景区门票定价要平衡好保护和利用的关系，避免旅游资源过度开发，造成景区价值的损失，同时，也要合理开发旅游资源，为景区正常运转提供资金支持。

四是处理好景点旅游和全域旅游的关系。全域旅游是从景点（区）旅游向旅游目的地发展的要求，由单一的“门票经济”转向综合带动效应的一种新的区域旅游发展新理念。应适应全域旅游新趋势新要求，逐步打破传统的“围墙+门票”模式，逐步推进公共景区实行低定价，最大限度发挥旅游景区的正外部性，吸引更多游客到旅游目的地。

旅游景区收费体制改革方向是，根据公共景区旅游资源的公益性，确定公共景区收费体制改革方向，依据公共景区核心资源价值特点及权属特点，坚持保护和开发并重，秉持遗产资源管理突出公益性的基本理念，逐步建立具有事业性、公益服务性、非营利性的旅游景区管理制度，打造中国版的国家公园体系，用“制度倒逼”的办法加快景区保护开发的“去门票化”，加快构建以全民公益性为导向、适应旅游业发展新形势、以公共财政为保障的新型公共景区收费体制。

旅游景区收费体制改革目标是，坚持公共景区公益性价值取向，逐步实现公共景区管理目标由追求“经济利益至上”的政策取向转变为“追求公益性与公平性兼备”的政策取向；逐步理顺不同类型、不同等级公共景区门票价格比价关系，实现公共景区价格体系运行方式由“共振螺旋式上涨”向“对冲消减式下降”转变；拓展公共景区融资渠道，建立财政投入景区保护和利用的长效机制，推动公共景区利益调节机制由“市场调节”为主转向“财政保障”为主，最终实现旅游景区发展方式转变，实现旅游景区提质增效升级。

（二）基本思路

着力推进旅游供给侧改革，紧紧围绕使市场在资源配置中起决定性作用和更好发挥政府作用，全面深化公共景区收费体制改革。

近期，以“抑制高价、回归公益”为工作重点，从理顺景区成本分摊和收益分配关系入手，正确处理政府和市场关系，坚持改革创新，坚持依法定价，着力完善门票价格监管机制和政策体系，加快建立健全公共景区的分类门票价格定价水平和正常增长机制，特别对自然或文化遗产类公共景区门票价格要充分体现社会性和公益性原则，为逐步打造中国特色的国家公园体系提供坚实的制度基础和技术支撑。

中长期，以“财政兜底、健全配套”为政策取向，在统筹推进政府职能转变和公共财政优化转型的过程中，促进公共景区收费体制改革与财政税收改革、行业管理体制改革和旅游产业发展趋势相协调，逐步剥离、打破附着在公共景区特别是遗产类景区上的营利性体制关联纽带，通过发挥公共财政和民生税收制度的保障功能，合理划分不同政府层级之间的财权与事权，力争形成定价与管理权限基本完善、价格监管制度科学规范透明的旅游景区价格管理体制。

（三）主要任务

一是以全面深化改革为动力，完善旅游景区价格管理的制度安排，合理配置中央与地方以及各级地方政府之间的定价管理权限，合理匹配景区管理的事权与财权，为旅游资源保护和景区可持续发展提供保障。

二是以政府定价或指导价为主，逐步引入激励性定价方式，确保景区门票定价的社会效益、生态效益和经济效益的平衡，实现旅游资源有效保护和合理利用，避免景区资源配置的低效率和市场失灵。

三是以依法依规治价为保障，进一步完善旅游景区门票价格管理的法律法规体系，加强景区定价成本监审制度和价格听证会制度监审，完善实施细则，推动价格主管部门价格管理决策法制化、科学化、规范化。

四是以促进全域旅游为引领，发挥景区门票价格的杠杆作用，有效提升旅游景区产品供给和服务质量，充分发挥旅游景区外溢效应，带动旅游景区生态补偿、扶贫攻坚和转型发展，为旅游产业培育为战略性支柱产业提供内生动力。

二、完善旅游景区收费体制改革的政策建议

（一）近期推进旅游景区价格管理改革的政策建议

1. 以全域旅游为抓手，合理管控世界遗产、国家风景名胜区等知名公共景区价格水平

全域旅游要求转变传统的景点旅游、观光旅游的发展模式，最大限度地发挥景区外部性，汇聚人气财气，增加餐饮、住宿、休闲等旅游相关产业收入，实现地区经济收益的最大化。适应全域旅游新趋势，应合理控制世界遗产、国家风景名胜区等知名公共景区价格水平。在此过程中，地方政府应建立合理的转移支付机制，保证旅游景区的正常投入，统筹考虑并安排实现旅游扶贫、旅游生态补偿机制的整体规划和支持手段，引导促进旅游由“走马观花”的观光为主向休闲、体验等多种深度旅游转变，着力打造和拓展覆盖全域、全程、全时段的现代旅游产业链，实现旅游产业和经济的可持续发展。

2. 合理划分门票价格定价管理权限

围绕以公共景区定价管理权“归类、归位”为抓手，重新设计划分不同公共景区的定价管理权限。对于一些非常珍贵和稀缺的世界遗产、国家级风景名胜区、自然保护以及部分5A级的具有较强公益性的门票价格，应将其价格管理权限上收到中央；部分5A级景区、4A级景区以及独特性和稀缺性较高的景区，其旅游景区门票定价管理权限应上收到省级价格管理部门，并向国务院物价管理部门报备；4A级以下旅游景区门票价格由所在地市级价格主管部门审批或备案。

3. 部分同质、可替代性较高的公共景区门票价格执行激励性定价

对于同一区域、核心旅游资源比较接近的部分公共景区，或者处于同一等级、同一类型的部分公共景区的门票价格可以适度放松管制，或采取价格上限制等激励性规制方式，引导景区开展环境保护和服务质量方面的适度竞争，尽可能激励旅游景区提升服务质量，有效保护核心旅游资源。对于企业获得特许经营权后管理的公共景区，应坚持公益性和盈利性的平衡，综合运用综合绩效、环境保护强度等效率性指标完善考评管理和政策支持。

4. 完善景区定价成本监审制度和门票定价政策

制定全国统一的景区门票定价成本监审办法，制定成本监审实施细则和相应的技术规范，明确定价成本构成，确立成本监审关键的技术经济参数。完善门票定价模式。针对一票制和联票制在执行过程中存在的问题，可以采取试点的方式，在保证景区收支总体平衡的情况下，允许部分景区采用更加灵活的定价方式，采取两部制等多种定价模式。有条件的景区，可以试行差别定价。完善门票价格优惠政策。建立旅游景区相关行业主管部门与价格主管部门协调机制，推进各方就门票价格优惠政策进行有效协商，从减免对象、幅度、范围、时间等方面进行统一规定，避免政出多门，影响景区正常的价格秩序。

5. 完善并发挥价格听证会制度的法定调价功能

实行“阳光定价、阳光公证”，在定价和调价前，应按照法律规制，依法举行价格听证会，尽可能使门票价格相关利益主体参与听证会，特别要确保外地旅游者通过多种方式参与价格听证，邀请消费者协会和专家作为旅游者代表参与，充分考虑各方代表的具体诉求，同时加强信息披露，将景区每年的支出情况向社会公开，做到公开透明公正，提高价格决策科学化、规范化和民主化。

6. 加强门票价格秩序的协同监管和执法力度

根据各地景区资源禀赋，建立旅游、公安、工商、物价、交通、住建、林业、水利、国土、规划等部门的多部门联合协同监管机制，实现对旅游景区保护、开发、经营、管理进行全方位的监管。探索建立区域性旅

游景区监管机构。逐步在各级景区建立职能完备、独立专业、监管有力的区域性、中央政府的垂直型综合管理派出机构，以逐步摆脱地方利益掣肘。推动价格监管和反垄断部门协作，加强对旅游景区门票的不正当竞争和垄断行为的专项治理，规范旅游市场价格秩序。

7. 建立健全自然资源管理体制机制，大力推进国家公园体系建设，探索建立国家公园发展管理委员会

国家公园发展管理委员会专司开展对公共景区资源特别是遗产类景区的保护和开发，整理相关部门的管理职能，将旅游、农林、国土、文物、建设等部门职能中用于公共景区管理的归并优化，形成一个与公共财政支出相匹配对应的综合管理领域和部门，使"增加财力与建立机制"互促加强、良性循环。考虑我国幅员辽阔、景点众多，建议成立类似于流域管理委员会的"大区域式"的派出管理机构，进一步加强管理工作的针对性和有效性。

（二）中长期的政策取向和改革构想

1. 建立健全全民所有旅游资源的有偿使用制度

依据《国务院风景名胜区条例》，制定风景名胜资源有偿使用费征收办法，明确被征收对象，统一征收标准，确保收入用于景区保护和建设。同时加快建设旅游景区资源环境生态补偿制度，形成旅游景区资源生态保护的激励机制，拓展景区运营和维护费用的资金来源渠道。探索建立公共景区自然环境修复保护基金，通过常态化的资金投入加强景区特别是遗产类景区的保护与开发。

根据不同遗产类景区的保护要求、客流分布和配套管理能力，逐步开展限定客流、摇号预约、智慧服务等常态化、信息化、制度化的景区开放服务模式，进一步降低遗产类景区的游客承载压力，保证遗产类景区成为子孙后代长久享用的全民福利和珍贵财富。

2. 完善转移支付、税收优惠等一揽子带有"兜底性"的财税支持方案和政策措施

在摸清底数的基础上，统筹研究中央政府、各级地方政府之间的各类转移支付规模，设计合理的财税支持政策，引导各级政府加强对公共景区

保护投入，适应全域旅游发展需要，引导社会资本参与景区建设和保护。修订完善《慈善法》，逐步建立景区保护和建设资金的募捐渠道，对捐赠旅游景区保护资金的企业和个人，应对其实施所得税税前扣除等税收优惠和社会荣誉等奖励政策。

3. 逐步建立金融支持公共景区发展的畅通渠道和长效机制

利用多层次资本市场拓宽融资渠道。创建旅游项目产权交易平台，拓宽旅游项目融资渠道，为旅游业的发展提供资源的优化配置与资金保障。争取金融机构加大对示范项目、重点项目信贷投入和延长贷款期限，针对公共景区的保护和建设项目开发特色金融产品，如中长期绿色债券等。引导预期收益好、品牌认可度高的旅游企业探索通过相关收费权、经营权抵（质）押等方式进行融资。

4. 探索建立公共资源产权市场体系

构建景区所有权市场交易制度，使公共旅游资源有偿使用、适度竞争成为公共景区门票价格形成的市场基础。协调推进公共景区管理体制与产权制度改革，明晰公共旅游资源产权，合理安排责权利关系，逐步实现所有权、管理权与经营权的“三权分立”，提升公共景区开发建设经营市场化及保护专业化水平。完善旅游资源价值评估规则与方法，明确以公共旅游资源的直接为主兼顾间接价值和以社会价值与生态价值为主兼顾经济价值的原则，构建科学合理的公共旅游资源价值评估方法体系，在分类评估的基础上，加强公共旅游资源综合价值评估，为旅游景区门票价格形成提供支撑。

第八章　旅游景区收费的调查报告与案例研究

内容提要　以“西湖模式”为代表的东部经济发达地区典型景区收费体制能够发挥景区的正外部性，即景区的免费开放能带来更大范围的经济效益的提升，转移部分社会总收益来弥补景区免费开放的损失，使景区能够维持运转。经济相对欠发达地区景区收费体制应分类推进旅游景区门票及相关服务价格改革，在实现旅游景区有效保护和正常运营的基础上，平衡好定价公益性和经济利益，构建科学合理的旅游景区价格体系，兼顾景区可持续发展、定价公平和经济效率。对于文物保护型景区门票价格管理应适应全域旅游新趋势，坚持文物保护型景区公益性属性，按照保护优先，合理利用的原则，加强价财联动，完善门票价格管理办法，逐步降低对门票收入依赖，促进文物保护型景区可持续发展。

第一节　东部地区典型景区收费体制调研情况

习近平总书记指出，旅游业是综合性产业，是拉动经济发展的重要动力，是衡量人民生活水平的一个重要指标。在经济发展进入新常态、经济结构转型升级的大背景下，探索先进的发展模式，发挥旅游在扩内需、稳增长、增就业、减贫困、惠民生中的作用，具有愈加重要的意义。2002 年 10 月，杭州西湖景区率先改革，成为全国第一个免费开放的 5A 级风景区。之后 10 年时间里，又相继取消了 52 处景点的门票，占景点总数的比重高达 70%。在全国各大景点门票“涨”声此起彼伏、民众不满不断升级的形势下，西湖模式格外令人瞩目。

一、杭州市西湖景区管理体制的主要做法

（一）着眼全局，跳出西湖经营西湖

与多数景区积极追求门票收入不同，杭州市着眼于全局，创新性地采用“免费+周边消费”的商业模式。即，以“免费西湖”为品牌，降低游客的直接成本，吸引更多人到杭州旅游，以带动杭州的餐饮、住宿、交通、零售等服务行业的增长，促进整个城市经济的发展。放弃的门票收入在其他方面得到补充——西湖景区及周边商业网点服务创造了税源，休闲消费场所的物业出租增加了收入。“免费西湖”战略自启动之初便大获成功。西湖免费开放前，杭州一年的旅游总收入是549亿元。到2016年，杭州年旅游总收入已增长至2572亿元，是免费开放前的4.7倍。

（二）一级财政，管理体制大胆创新

首先，西湖景区采取统一的治理结构，避免了多头管理的高行政成本。在免费开放之前，西湖景区的经营管理与公共事务归属两个平级部门——市园林文物局负责景区内各公园景点的日常管理、西湖区负责景区内的政府事务。两个管理部门之间在职能协调等方面存在较高的交易成本。2002年杭州市成立了杭州西湖风景名胜区管委会（简称西湖管委会），将两部门职能统一到一个组织之内（见图8-1）。管委会内设物价、公安、工商、食药监、质监、国土、文物保护、城管、街道办等行政管理部门，分别履行各项政府职能。同时，下设管理处对景区内各景点实行分片管理，取得了良好的实践效果。

其次，杭州市创新性地将西湖管委会作为一级财政，有独立的收入来源以支持其行使职能。西湖管委会的收入来源主要包括管辖区域内企业缴纳的税收、商业网点的租金收入、少量收费景区的门票收入、交通设施收入等。支出主要包括对景区的综合治理、环保绿化、治安管理等。下辖各管理处不单独核算收支，由西湖管委会在60平方公里范围内统筹收支。西湖管委会也通过下属企业进行相关产业经营，管委会内设了餐饮、游船、汽车服务、旅游贸易、园林苗圃、建筑设计等多家公司，补充景区收

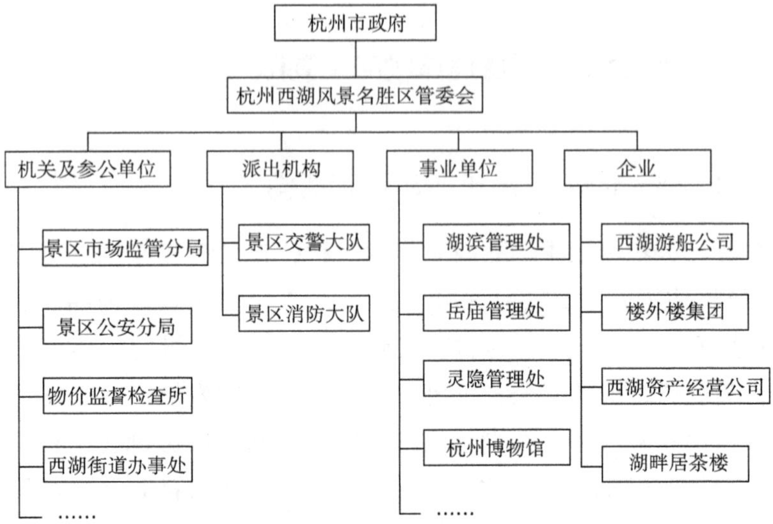

图 8-1　西湖管委会组织结构

资料来源：西湖管委会官方网站。

入来源并负责景区的部分投资运营活动。西湖管委会的收支缺口由上级杭州市财政进行补贴，从 2010 年开始，每年补贴 1 亿元，5 年不变。

（三）优势互补，不同运营模式包容共生

与固有观念不同，西湖模式实际上并不是纯粹的免费开放，而是一个免费与收费共生并存的复杂系统。西湖景区绝大多数的景点已经免费对外开放，但因文物保护需限制客流量的雷峰塔、三潭印月、灵隐、岳庙等 19 处景点依然收取门票。西湖景区面积广大，为方便管理，被划分为若干片区或细分景区。这些片区的运营模式主要有两种：

一种是以雷峰塔景区为代表的公司制运营模式。杭州雷峰塔文化旅游发展有限公司成立于 1999 年，门票收入是公司的主要收入来源之一，景区建设和运营投入由公司全权负责，近年来经营状况良好，处于盈利状态。另一种模式是由西湖管委会下设的事业单位进行运营管理。西湖管委会下设的湖滨管理处、灵隐管理处和岳庙管理处等单位的管辖范围内既分配了免费景点、也保留了少量收费景点和收费项目，以门票、交通工具、物业租金等收入来补贴免费景点的运营。

西湖景区撷取了公司制与事业制模式各自的优点和特长。一方面，西湖景区创造性地利用了公司制运营模式的三个优点：一是体制机制比事业制更加灵活。公司能够便利地向银行和资本市场融资，实现景观建筑的快速建设和升级。二是民营参股公司市场拓展能力强，在景区对外宣传、拓展等方面技高一筹。三是公司制运营模式盈利能力强，能够依靠自身收入支持景区的建设运营，有效减轻财政负担。此外，西湖管委会参股的混合所有制模式又能够克服纯民营公司过度消耗自然人文资源的缺点。另一方面，西湖景区充分发挥了事业制运营模式的作用。事业制运营模式虽然盈利性相对较弱，但比公司制承担了更多免费开放景点的运营维护和升级改造支出。

二、西湖模式在发展中的新难题

（一）景区收支缺口持续扩大

西湖实行免费开放后，景区一直处于赤字状态。近年来，西湖景区的收支缺口出现显著扩大。调研得知，2016 年，西湖管委会每年收入约为 10 亿元，支出约 17 亿元，收支缺口已达 7 亿多元。其原因来自两方面：

一方面，景区收入大幅低于预期。一是门票收入大幅减少，每年减收金额约为 6000 万元。二是八项规定后，大量高档会所停业关闭，景区的物业收入、租金收入每年减少 1 亿元左右。三是西湖管委会的财政收入中还有一部分需交给上级财政，用于为其他区县和社区提供公共服务。

另一方面，西湖景区的支出大幅增加。一是随着免费开放后游客人数的剧增，安保、保洁和景区养护支出大幅增加。例如，西湖景区环湖围墙拆除后，增加了夜间巡逻，实施沿湖开放景区 24 小时全天候管理。二是维护费用增加。景区中不少高档会所是由历史保护建筑、名人故居改建而来，经营方撤离后，景区管委会每年需另外投入 2000 万～3000 万元进行文物保护。三是景区及周边文娱设施升级改造投入不断增加。例如，为提升西湖景观，自 2003 年起至今，西湖管委会先后投入 5000 万元建成和升级西湖音乐喷泉，免费向市民和游客开放。四是公共服务支出增加。西湖景区毗邻城区，景区管委会需承担周边交通设施投入、市民健身、娱乐等大量公共服务的支出，随着民众对公共服务需求的提升，这些支出也在不断增长。

（二）利益分配机制不完善，“反哺” 景区力度不足

一是利益分配机制不够完善。从政府角度讲，西湖景区免费开放后，增加的经济收益由浙江省、杭州市和西湖管委会三级政府分享，而增加的支出大部分由西湖管委会承担。“免费西湖”使杭州市餐饮、住宿、交通、零售等相关行业得到空前发展。各级政府的税费收入、物业出租等收入也水涨船高。然而，西湖景区从中分得的却只有一小杯羹。免费开放带来的门票收入损失和支出增加则绝大部分由景区承担。景区收不抵支，持续处于亏损状态。

二是转移支付等补偿机制尚未制度化，“反哺”力度不足。西湖免费开放后为各级政府和社会增加的总收入未能有效地“反哺”西湖景区。西湖管委会向上级财政要钱困难，“捧个金饭碗、到处要饭吃”。经协商，杭州市财政同意从2010年起每年补贴西湖管委会1亿元，共补贴5年。这种一次性的、非制度化的补贴方式具有不确定性和不可持续性，是一种“扬汤止沸”而非“釜底抽薪”式的补救方法，不能从根本上破解西湖模式所面临的困境。

三是风景名胜区资源有偿使用费制度未能有效实施。风景名胜区资源有偿使用费是指在景区内对依托风景名胜资源从事的经营活动，如景区门票、景区旅游汽运、餐饮、住宿、经营性停车场等征收的费用。根据国务院颁布的《风景名胜区管理条例》，风景名胜区管理机构应当与经营者签订合同，依法向经营者征收有偿使用费。然而，在西湖景区，物业产权很多属于私有，已签订的使用合同更改起来又比较困难，因而无法向现有的大量经营者收取有偿使用费，从而阻碍了收入分配机制的优化完善，限制了西湖管委会合理扩充其收入来源。

三、西湖模式的政策启示和对策建议

（一）复制推广西湖模式需要满足四个条件

成功的免费模式具有两个特征：其一是能够发挥景区的正外部性，即

景区的免费开放能带来更大范围的经济效益的提升。其二是有合理的制度设计能够转移部分社会总收益来弥补景区免费开放的损失，使景区能够维持运转，实现正外部性的内部化。这两个特征具体可分为四个条件：

一是具有成熟的关联产业，能够实现由“门票经济”向“产业经济”的高级转化。免费开放或低门票意味着需要靠延伸产业来增加收入。杭州在取消西湖门票之时，餐饮、住宿、休闲等行业已经有较好的发展基础，能够从中获得足够的财政收入来弥补景区免费开放造成的收支缺口。西湖景区在地理位置上与城市中心区域、特别是商业中心区高度接近，景区游客能够自然地转化为杭州市区的消费者，易于发挥景区的正外部性。

二是有便利的交通设施。交通便利特别是与经济发达的大城市之间的交通便利才能保障充足的客源，从而带动关联产业增收。交通基础设施还决定了旅游商业模式的不同。地处偏远、交通不便的景区往往以旅行社组织的团体游为主，这就意味着景区必须采用“高票价—高折扣”的方式吸引旅行社。交通便利的景区更适于自由行、自驾游游客，这类游客是“免费+周边消费”商业模式的适用人群。

三是有足够的财政支持力度。即使是经济发达的杭州市区，在景区免费开放过程中也会入不敷出，需要上级财政进行补贴。个别年份（2006年）上级转移支付占西湖景区全年可用资金的72.4%。在杭州市区周边的富阳等地，即使收取一定的门票仍需要地方财政每年进行补贴才能盈亏平衡。如果财政补贴不能及时、足额到位，免费开放多半会在实施前几年就遭遇“夭折”。

四是地方财政收入来源多元化。实践表明，当门票收入在地方财政收入中占比过高时，地方政府和景区就会形成利益联盟，政府不但不会动用财力支持景区免费开放，反而会成为推动门票价格上涨的主要力量，该地区就容易被“锁定”在门票经济的路径依赖中，难以实现转型。

对全国大多数景区而言，满足上述四个条件仍有难度。现阶段门票收入仍将是支持景区运行的主要收入来源，复制“西湖模式”、实现由“门票经济”向“产业经济”的转变还有较长的路要走。

（二）优化利益分配，完善以转移支付为重点的制度建设

一是科学确定价格负担与财政负担的分成。靠提高收费来承担过多的支出责任或一味为追求公益性而显著增加财政负担两者都不可取。在确定

景区收费标准时，应根据不同地区的情况，合理分配支出中价格与财政负担的比例。在经济较发达的地区，财政负担的比例可相应提高。二是优化利益分配机制。合理划分不同政府层级之间的财权与事权，提高财权与事权之间的匹配度。三是完善转移支付制度。将上级政府对景区的财政转移支付以制度化的方式确定下来。修订相关法律法规或管理条例，通过上位法为完善转移支付制度提供法律依据和保障。根据各地的情况合理确定转移支付的数额，并实行动态调整制度。四是完善风景名胜区资源有偿使用费制度。修订资源有偿使用费相关法律法规，对使用费收取的比例及其依据做出明确规定，统一征收，并建立专用账户，专门用于国家重点风景名胜区的保护管理及景区其他合理支出。

第二节　中部地区典型景区收费体制调研情况

一、旅游景区价格管理取得新的进展

（一）旅游业成为地区经济增长的引擎

中部地区某省的 Z 市和 F 县是我国著名的山岳型旅游风景区，区内自然和人文资源非常丰富独特，是有着很高知名度的旅游热点地区，旅游业发展迅速，并在地区经济结构中“独占鳌头”，成为两地战略性支柱产业，是地方财政收入和经济增长的主要源泉。2016 年，Z 市接待游客 6143.16 万人次，实现门票和旅游总收入分别为 33.04 亿元和 443.1 亿元（见图 8-2），其中，门票收入中上交给财政的为 6.89 亿元，占该市地方财政收入的 21.4%，旅游总收入是 GDP 的 89.1%。F 县接待游客 1250 万人次，实现门票和旅游总收入分别是 2.34 亿元和 115 亿元（见图 8-3），其中，上交给财政的门票收入占全县财政收入的 20%，旅游总收入是 GDP 的 1.47 倍。

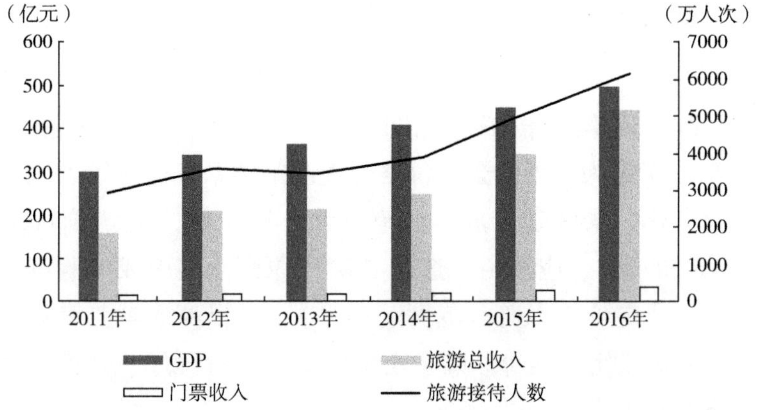

图 8-2 “十二五”以来 Z 市旅游经济发展

资料来源：Z 市历年统计公报。

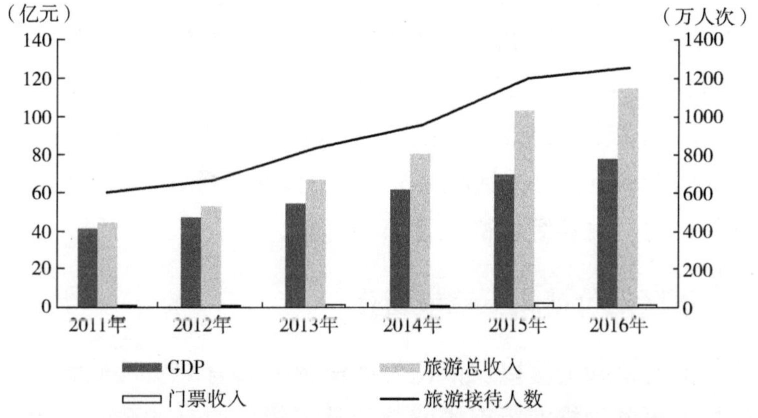

图 8-3 “十二五”以来 F 县旅游经济发展

资料来源：F 县历年统计公报。

（二）景区经营管理模式多元化

截至 2016 年底，Z 市和 F 县分别拥有等级景区 19 处和 4 处，其中 4A 级及以上景区分别为 11 处和 4 处。从两地景区经营管理模式来看，大体分为政府直接管理、事业单位管理、国有企业及民营企业管理四类，其中，绝大多数旅游景区通过经营权转让交由民营企业经营管理。

（三）景区价格管理政策较完善

为落实中发〔2015〕28号文件，该省相继制定了省定价目录、关于全面加强和改进成本工作的通知和省景区门票及相关服务价格管理办法（试行），形成了较为完善的景区价格管理政策体系，促进了景区价格管理科学化、规范化。景区定价成本监审方面，要求纳入省定价目录的市州（县）政府定价项目，应按照“逢调必审”原则，实施成本监审，同时制定旅游景区门票定价成本监审范例（范本），以提高成本监审效率。价格管理方面，明确规定了定价原则、定价模式、定价程序、调价幅度、价格优惠、价格监督等内容。

（四）景区价格管理实现属地化

依据新版的省定价目录和省景区门票及相关服务价格管理办法（试行），原来由省市两级管价模式调整为省市县三级模式。除两个利用公共资源建设的5A级景区门票价格仍由省发改委审批外，利用公共资源建设的5A级以下3A级及以上景区门票价格和交通运输工具价格均由市（州）价格管理部门管价（F县景区除外），利用公共资源建设的3A级以下景区在县辖范围内的，由县级价格主管部门管价。

（五）景区定价模式更趋市场化

除了非依托公共资源以及依托公共资源但具有同质性或竞争充分的门票价格和相关服务价格实行市场调节价外，相比原来的政府定价模式，依托国家公共资源兴建的、在境内尚未形成有效竞争的景区门票价格以及景区内大多数旅游者需要乘坐的交通运输工具价格，均调整为最高上限制的政府指导价管理模式。此外，Z市还探索对文化演艺场所门票价格执行最高限价和最低限价相结合的政府指导价管理模式，促进了企业有效竞争。

二、旅游景区价格管理的难题与困境

在全域旅游蓬勃发展的今天，过度依赖景区收入的旅游景区发展模式，显然与旅游业大发展的大环境不适应。受体制机制、资源禀赋、发展阶段和管理理念等因素影响，Z 市与 F 县旅游景区价格管理体制面临的突出问题是景区价格上涨压力大，景区价格管理和保护性开发难度加剧，景区价格管理不规范。这些问题也是绝大多数旅游产业支柱型、经济欠发达地区旅游景区价格管理面临的共性问题。

（一）旅游业“一枝独秀”的产业结构，驱动景区价格上涨

《国家主体功能区规划》规定，国家级自然保护区、国家级风景名胜区、国家森林公园等属于禁止或限制开发区域，一定程度上造成经济欠发达的 Z 市和 F 县只能依托本地景区资源优势，重点发展旅游业，地区经济社会发展高度依赖旅游景区门票收入。以 Z 市为例，2016 年，以旅游业为核心的第三产业占地区 GDP 的比重达到 67.2%，对经济增长的贡献率达到 79.1%；工业占 GDP 的比重仅为 17.6%，对经济增长的贡献率仅为 14.5%。

另外，为壮大旅游经济、促进经济增长和增加财政收入，近年来，两地投入了巨额资金进行景区建设和保护，政府和景区收支难以实现平衡，为此，纷纷要求提高景区门票价格及相关服务价格，以回收投资成本。以某景区为例，2011 年以来，该区财政共投入 53 亿元用于景区建设、保护和融资付息，截至 2016 年底，地方债务余额达到 48 亿元，目前的门票收入规模显然不足以支撑景区建设运营，相关利益主体提高门票价格的诉求非常强烈。

（二）属地化景区管理体制造成公共景区价格承压

属地化定价管理模式成功实施的大前提是地方政府有能力承担上级政府移交的责任，景区运营主体、游客等相关利益主体能够有效参与。现行的分权化景区管理体制下，地方政府和景区运营主体等相关利益主体对旅游景区的经营权、管理权和收益权有着重要影响，社区和游客难以真正参与到景区价格管理中去。在以经济发展为首要任务的大背景下，经济欠发达地区的地方政府和相关利益主体往往更关注旅游景区潜在的经济价值，更强调景区建设和开发利用，对门票收入“期待过高”“依赖过多”，希望提高门票价格以获得更多的经济利益，忽略了旅游景区长远保护目标。以某核心景区为例，曾有 14 家政、企、事业单位从

该景区门票收入获得分成的纪录，2016年，该景区门票收入为7.84亿元，其中，区财政分得3.45亿元，市财政分得2.27亿元，各个相关公司等也从中获得分成。

（三）景区价格管理理念偏离公益性，偏离保护性开发初衷

作为与一般经济性资源不同的保护性资源，世界自然文化遗产和国家级风景名胜区等旅游景区在世界范围内具有资源不可逆性、不可恢复性（或恢复成本很高）和非人工再造性，在经营管理和价格管理的过程中，应坚持公益性等社会属性要求。然而，从Z市和F县景区价格管理现实来看，地方政府和景区运营主体更强调景区的经济创收功能，忽略了景区价格管理的公益性目标，偏离了公共景区保护性开发的初衷。

（四）景区定价管理规则不完善，简单套用公用事业定价思路

尽管该省对旅游景区价格管理政策较为完善，但仍有不足之处：第一，相比商业性景区采用市场调节价方式，依托公共资源建设的景区，因其公共性、公益性等产品和社会属性，供给方式和定价管理较为复杂，国家没有建立统一、明确、完善的价格管理制度，法律法规规定不明确。实践中，地方政府通常是简单套用网络型自然垄断行业价格管理办法和思路，对景区价格进行管理，忽略了依托公共资源建设的旅游景区作为保护性开发资源的特殊性，所确定的定价原则、方法、依据、程序等不符合旅游景区的资源特性和价格管理实际。

第二，国务院《风景名胜区管理条例》对风景名胜资源有偿使用费进行了原则性的规定，赋予了景区管理机构及相关部门向依托景区从事经营活动的企业和个人征收资源有偿使用费的权力，但没有明确征收标准。在实际执行过程，Z市和F县没有向相关企业和个人征收，而是将资源有偿使用费列入门票价格中，直接向游客收取，不符合条例规定，增加了游客负担，并且征收比例存在较大差异。

第三，作为旅游景区定价制度的重要组成部分，旅游景区成本监审制度在实际执行过程中也面临一些矛盾。首先，旅游景区定价成本监审存在“一刀切”问题。按照该省政府定价成本监审办法，只要实行政府定价或指导价的项目，要求“逢定必审、逢调必审”。原则上，这一规定是合理

的，但是有部分低价的公益性旅游景区，在定价过程也严格按照程序进行成本监审，可能会增加景区负担和政府行政成本。其次，旅游景区定价成本监审制度在执行过程中也存在技术难题。与成熟景区相比，新近开发的景区由于建设初期投资大，景区发展初期游客数量往往较低，导致景区分摊的单位定价成本过高，加之投资者加速回收投资的诉求，完全依据成本定价和调价可能造成定价偏高，还可能刺激旅游景区扩大投资的冲动，加剧价格管理压力，不利于景区价格体系科学合理化。

（五）旅游市场监管体系不完善，导致景区价格秩序较混乱

与发达地区相比，Z 市与 F 县等经济欠发达地区旅游市场上，由旅行社组团的游客是旅游景区主要客源。由于旅游市场监管体系不完善，旅行社在推动地方旅游发展的同时冲击旅游景区价格管理秩序，造成景区价格行为不规范。一方面，为获取更多市场操作空间和利益，部分旅行社把门票价格能否提供高折扣作为与旅游景区博弈的手段，要求景区给予大幅度优惠，导致政府制定的旅游景区定价办法和标准实际上形同虚设，同时倒逼景区门票上涨；另一方面，近年来，随着旅游市场竞争加剧，为争夺客源，部分旅游景区竞相给予旅行社高额回扣，造成恶性价格竞争行为较突出、旅游景区价格秩序较混乱。

（六）门票收支管理不规范，门票收入用途性质被随意改变

调研发现，绝大部分世界自然文化遗产和风景名胜区等旅游景区缺乏稳定的中央和地方政府投入渠道，景区大部分人头费、办公费、资源费、基础设施建设经费完全或主要依赖景区收入。由于景区门票收入的支出方向和用途，法律没有明文规定，出现了将世界自然文化遗产和风景名胜区等旅游景区门票收入纳入企业经营收入和地方财政的做法，并且在财务收支上都没有将门票收入全部用作景区管理和资源保护的经费，改变了景区收入用途的性质。这种改变不仅从根本上有违门票价格管理用于景区保护和可持续发展的初衷，还为地方政府和相关利益主体提升门票价格提供了很强的激励。

三、完善经济欠发达地区旅游景区价格管理的对策建议

Z 市和 F 县旅游景区价格管理面临的诸多问题，是众多经济欠发达地区旅游景区价格管理存在的共性问题。因此，应按照分类推进旅游景区门票及相关服务价格改革的精神，多措并举，在制定旅游景区价格管理办法时，坚持因地制宜，不能搞“一刀切”，在实现旅游景区有效保护和正常运营的基础上，平衡好定价公益性和经济利益，构建科学合理的旅游景区价格体系的平衡，兼顾景区可持续发展、定价公平和经济效率。

（一）适应全域旅游新趋势新特点，正确理解景区在旅游产业中的地位，把握景区价格管理方向和原则

旅游景区作为旅游的核心吸引物，在旅游产业中仍处于核心地位，但是，传统的旅游景区管理模式，造成景区内外“两重天”，不适应景点旅游向全域旅游转型的新形势新要求，不利于发挥景区综合效益。全域旅游要求重新认识旅游景区功能定位，有效发挥旅游景区外溢效应，实施“旅游+”和旅游融合发展战略，提升欠发达地区造血功能，改变单纯依靠旅游景区门票收入的产业发展模式，促进产业结构优化转型。

这要求旅游景区价格管理要统筹景区与消费者利益和旅游产业整体发展需求，一要确保定价要有利于旅游资源的保护与利用，实现景区可持续发展；二要确保定价不能超过居民消费和心理承受能力，不影响客源增长；三是确保定价合理补偿旅游大环境建设和景区开发管理成本；四是确保定价可以提升社会资本参与旅游景区保护建设的积极性。

（二）坚持分类改革的原则，完善景区门票价格管理机制

管理体制是造成当前世界自然文化遗产和风景名胜区等旅游景区价格管理困境的根源。应对之策是依据景区类型，改革属地化管理体制，统一价格管理权限，实行分类分级管理，同时推进国家公园体制建设。

首先，建议对一部分非常珍贵的、极具代表性的世界遗产和国家级风景名胜区等旅游景区的价格管理等职能由地方收归中央或至少省级职能部门。同时，对一部分重要的、具有区域影响力的风景名胜区等旅游景区则

实行属地化管理，根据旅游景区资源属性、地区发展水平、旅游产业发展实际需要，逐步形成中央、省、市三级价格管理模式。

其次，改革自然保护区、风景名胜区、文化自然遗产、地质公园、森林公园等旅游景区管理体制，加快建立国家公园体制。推动旅游景区管理走向以管理主体一元化、财政拨款为主，接受捐赠、免票或低价门票，实行特许经营的管理体制。由于国家公园大多数位于欠发达地区，发展需求较高，在推进国家公园体制建设过程中，应合理界定事、人、财、物的管理权责，理顺所有权、经营权、管理权与监督权的关系，在发挥好保护主体功能的同时，适度开展资源非消耗性利用，进行保护性开发，非破坏性获取利益，发挥国家公园体制的多功能复合效益。

（三）尊重旅游景区的特性，统筹定价公益性、效率和可持续发展目标，建立科学合理分类定价的门票价格体系

与一般性商品和服务不同，世界遗产、风景名胜区等公共景区具有不可复制、不可人工制造和高度差异等特征，还具有自然垄断性、公益性和外部性等技术经济特征，因此，不能简单套用公用事业的成本加成定价方法。在制定景区门票价格时，应注重旅游景区特性，统筹定价公益性、定价效率和景区可持续发展目标，完善定价管理规则，建立科学合理分类定价的门票价格体系。具体从以下几方面着手：一是完善符合景区定价需要的定价成本监审制度，出台监审办法和操作细则，更好发挥成本监审制度作为控制景区成本，制定科学合理门票价格的基础性制度作用。二是依据国务院《风景名胜区管理条例》，制定风景名胜资源有偿使用费征收办法，明确被征收对象，统一征收标准，确保收入用于景区保护和建设。三是充分考虑景区类型、资源价值属性、管理体制、市场供求、服务质量等因素，科学划分景区类型，完善景区门票定价方法，公平分摊政府定价构成，构建既有利于景区保护和可持续发展，又符合市场供需特点，质价相符的科学合理、竞争有序、分类定价的景区门票价格体系。

（四）构建统一规范、独立专业、监管有效的景区监管体制

顺应全域旅游与国家公园体制要求，打破多头管理、九龙治水的世界遗产和风景名胜区等旅游景区管理体制，彻底根除“碎片化”管理的体制

弊端，突破利益固化的藩篱。为进一步加强旅游景区价格管理和保护开发，应加快构建统一规范、独立专业、监管有效的景区监管体制。一是成立综合性的旅游景区监管机构，负责对旅游景区保护、开发、经营、管理进行全方位的监管。短期内，建立旅游、法院、公安、工商、物价、交通等多部门联合协同监管机制，针对旅游景区价格管理失序的问题，加强综合执法，维护正常的价格秩序；中长期内，建立职能完备、独立专业、监管有力的监管机构。二是建立旅游业价格诚信制度，健全景区服务质量与价格联动机制。建立旅游业价格黑名单制度，对旅游景区、旅行社等旅游相关企业价格失范和违法行为进行公示管理和治理，建立景区等级、服务质量与景区价格联动奖惩机制，以实现旅游景区质价相符。

（五）规范门票收支管理制度，建立规范有序的旅游行业利益分配机制

一是规范门票收支管理制度。按照“所有权归国家、使用权归政府、管理权归财政”的原则，确保世界遗产和风景名胜区等公共景区门票收入实现收支分离，强化收支脱钩管理，确保收取的门票收入全部或主要用于旅游景区保护和建设，避免门票收入被随意改变用途。二是建立规范有效的旅游业利益分配机制。建立多元化的生态补偿机制，向禁止或限制开发的世界自然文化遗产、国家森林公园、自然保护区等旅游景区提供合理的生态补偿，规范中央和地方、地方之间的生态和经济利益分配。成立世界遗产类旅游景区保护建设专项基金，逐步扭转众多利益主体从门票价格中直接分成的格局，减轻门票价格的政策性负担。建立与旅游景区相关的政府、事业单位、企业、旅行社、社区等利益主体的利益分配机制，合理调控景区收入的利益分配。

第三节　文物保护型景区门票价格管理的现状与对策

文物保护型旅游景区是中华民族优秀传统文化的重要载体，还是促进文物保护和利用，推动旅游产业发展，满足人民日益增长的美好生活需要

的重要基础。作为具有重大文物保护任务的特殊类型的某旅游景区，地处经济欠发达地区，其门票定价的运行情况值得深入探讨和研究。

一、某省直属文物保护型景区门票价格管理概况

截至2018年4月，某省直属文物保护型景区主要包括6家全国重点文物保护单位，其中3家均属于世界文化遗产。2014年大景区管理体制改革以后，这6家文物保护型景区均由省文化厅、文物局归口管理的省直属全额财政拨款的正地厅级事业单位（某研究院）负责保护、管理和研究。景区门票价格管理基本情况如下。

从门票价格分布来看，6家文物保护型景区的门票价格差异较大，介于30~200元之间。只有1处门票价格在100元及以上水平，执行淡季100元、旺季200元的价格政策；次高的门票价格为90元，其余4家文物保护型景区的门票价格均在30~55元之间，没有执行淡旺季价格。

从门票定价模式来看，6家文物保护型景区均执行成本导向定价。6家景区定价时，均严格按照政府调定价程序，进行了定价成本监审和听证会，并报上级价格主管部门批准或备案。此外，近年来，省价格管理部门还按照国家安排和省里的实际情况，先后对景区收支情况和定价成本进行了循环交叉调查工作。

从门票收支管理方式来看，6家景区均实行“收支两条线”管理。门票收入全额统一上缴省财政厅，然后，省财政厅按照《国务院关于进一步做好旅游等开发建设活动中文物保护工作的意见》（国发〔2012〕63号）及相关文物保护条例等规定，根据景区保护修缮、建设运营和科学研究等费用申请，将景区门票收入返还拨付给景区管理机构。按照国发〔2012〕63号文等相关规定，文物保护型景区的经营性收入要优先用于文物保护、修缮和保养。

二、文物保护型景区门票价格管理面临的主要问题

通过调研发现，当前该省文物保护型景区价格管理政策在促进文物保护和景区发展方面发挥了积极作用，却造成景区运营总体处于收支紧平衡

的状态，门票价格管理仍面临以下突出问题：

一是景区门票定价中公益性体现不够。文物保护型景区是典型的公益性景区，但是在属地化管理后，地方政府在文物保护型景区发展过程中起主导作用，往往只关注旅游景区门票收入，再加上景区作为利益相关者，有很强的动机和能力来说服景区价格主管部门提升门票价格。同时，受地方财政能力约束，文物保护型景区运行维护资金普遍投入不足，本身的造血功能较差，导致地方政府和景区都倾向于不断提高门票价格，从而忽略了景区发展的社会教化、文物保护等公益性目标。

二是缺乏统一明确可操作的价格管理实施细则。定价成本监审和听证会是政府制定和调整价格的两个必经环节，但在执行过程中却存在困难：首先是尽管国家和省已经明确将景区门票及交通运输服务价格纳入政府定价成本监审目录，但对于文物保护型景区门票及交通服务定价成本构成和定价方法没有明确规定，也没有统一的标准，造成核定景区门票价格时，定价成本核定随意性较强，成本监审有流于形式的风险。其次是听证会要求必须有外地消费者代表参加，但关于消费者代表的资格条件及参加听证会的经费安排等却没有明确规定，实际执行时很难操作。

三是约束景区成本刚性上涨的机制尚未建立。该省地处西部欠发达地区，旅游经济起步较晚，近年来，随着旅游形势的变化，为提升服务质量，改善游客体验，吸引游客，各文物保护型旅游景区普遍加大了开发建设投入，处于高资金投入阶段，造成各景区在基础设施开发建设、文物保护和修缮、管理财务、宣传促销、人员工资等方面的费用快速刚性上涨，缺乏相应的景区成本控制和约束机制。以该省两个景区为例，一个有银行贷款 2.1 亿元，另一个则有世界银行贷款 1.8 亿元，仅每年偿还的本息就接近 1000 多万元，并且两个景区新增投资规模巨大，预期未来成本仍将持续攀升。

财政投入不足使门票经济现象仍比较突出。6 家文物保护型景区发展旅游经济制约因素颇多，例如，普遍远离中心城市旅游客源地，交通不便、交通成本高昂；景区季节性明显，旺季过旺、淡季过淡；游客接待量控制限额，再加上经营方式比较单一，旅游产品缺乏特色，产业链不够完整，以观光旅游为主，景区最主要的收入来自景区门票，其他经营性收入很少。不过，由于实行旅游承载量控制，门票收入总体上也比较有限。另外，由于财政对景区保护和开发的投入严重不足，景区日常管理和基础设施建设配套等费用刚性，景区普遍出现价格成本倒挂和收不抵支的现象，进一步加剧了景区对门票收入的依赖。以全省景区收入最高的景区为例，2017年，该景区门票收入在该景区总收入中占比达82.4%；景区收支缺口高达4316.1万元，累计的事业基金缺口超过1.8亿元。

三、完善文物保护型景区门票价格管理的对策建议

该省直属文物保护型景区门票价格管理中面临的主要问题，是全国绝大多数文物保护型景区面临的共性问题，因此，应适应全域旅游新趋势，跳出景区看旅游，坚持文物保护型景区公益属性，按照保护优先、合理利用的原则，多措并举，针对施策，加强价财联动，分类推进景区门票价格改革，完善门票价格管理办法，逐步降低对门票收入的依赖，促进文物保护型景区可持续发展。

一是坚持景区门票价格公益性属性。作为优秀历史文化传承重要载体的文物保护型景区，具有传承文脉、科普教育、休闲观光等多种功能，特别是一些在全国乃至世界上有影响的世界遗产景区或国家重点文物保护单位，应坚持保护优先的原则，积极引导景区回归公益，逐步实行低票价或免票的价格政策，由中央或省级财政给予全额或差额补贴。在制定文物保护型景区的门票价格政策时，还应充分考虑地区发展水平，旅游业发展阶段、财力等实际情况，科学制定门票价格，理顺不同等级、不同类型景区之间的门票价格比价关系，不搞“一刀切”，避免景区收支失衡，影响景区保护和可持续发展，妨碍景区社会公益性价值的发挥。

二是完善景区门票定价管理办法。在明确文物保护型景区公益性的基础上，加快制定景区门票价格成本监审办法，合理确定文物保护型景区定价成本构成和关键的技术经济参数指标，明确景区保本微利或合理收益率的区间或标准。进一步完善听证会制度，明确消费者代表资格要求，确保外地消费者通过多种方式如电话、网络或亲临现场参与价格听证，做到公开透明公正，提高价格决策的科学化、规范化和民主化。

三是加强文物保护型景区成本控制。加强对景区投资的经济评估和风险评估，充分考虑景区投资对未来门票价格的影响，发挥门票价格引导投

资的功能。加快建立景区门票价格管制成本制度，强化成本监审功能，严格按照合法性、相关性、合理性，科学核定景区合理的成本结构和水平。综合运用事前和事后成本控制手段，应用成本收益分析、规制测试、基准比较、成本和风险评估等方法，推动景区成本控制由事后向事前转变，建立以事前成本控制手段为主，事前和事后控制成本手段相结合的景区成本管控方法体系。

四是逐步降低门票经济依赖强度。首先是构建完善价格、财政联动机制。逐步扭转景区成本支出完全由门票收入补偿的机制，加快构建景区成本中价格和财政的合理分摊机制，明确景区收支由财政补偿和价格补偿的范围、界限和标准。其次是积极拓展景区收入来源渠道。参照博物馆等文化场馆的门票价格管理政策，应充分考虑中央和地方政府财政能力，引导各级政府加大对文物保护型景区的投入，鼓励社会资本参与到景区建设和保护中来，同时，鼓励地方政府发展大旅游产业，拓展景区收入渠道，建立旅游收入反哺景区的机制，适当降低景区和财政对门票收入的依赖。积极拓展文物保护型景区运营和维护费用的资金来源渠道，逐步建立金融、社会资本支持文物保护型景区发展的长效机制。

参 考 文 献

[1] 李金昌. 自然资源价值理论和定价方法的研究 [J]. 中国人口·资源与环境, 1991 (1) .

[2] 诺思. 经济史中的结构与变迁 [M]. 上海: 上海三联书店, 1991.

[3] 拉丰, 梯若尔. 政府采购与规制中的激励理论 [M]. 上海: 格致出版社, 1993.

[4] 戴斌. 自然景区价格形成初探 [J]. 财贸研究, 1995 (6) .

[5] 张晓. 国外国家风景名胜区 (国家公园) 管理和经营评述 [J]. 中国园林, 1999 (5) .

[6] 马永立, 谈俊忠, 万绪才, 等. 制定风景区门票价格数学模型的研究 [J]. 经济地理, 2000 (1) .

[7] 杨锐. 国家公园与国家公园体系: 美国经验教训的借鉴 [M] // 张晓, 郑玉歆. 中国自然文化遗产资源管理. 北京: 社会科学文献出版社, 2001.

[8] 杨正泰. 旅游景点景区开发与管理 [M]. 福州: 福建人民出版社, 2000.

[9] 张昕竹. 自然文化遗产资源的管理体制与改革 [J]. 数量经济技术经济研究, 2000 (9) .

[10] 张晓, 张昕竹. 中国自然文化遗产资源管理体制改革与创新 [J]. 经济社会体制比较, 2001 (4) .

[11] 高书军, 董玉明. 旅游景点门票价格初探 [J]. 海岸工程, 2002 (2) .

[12] 何承耕, 林忠, 陈传明, 李晓. 自然资源定价主要理论模型探析 [J]. 福建地理, 2002 (3) .

[13] 厉以猷. 国家风景名胜区门票专营权分析 [J]. 旅游学刊,

2002（2）.

[14] 王兴斌．中国自然文化遗产管理模式的改革 [J]. 旅游学刊，2002（5）.

[15] 胡敏．风景名胜资源产权辨析及使用权分割 [J]. 旅游学刊，2003（4）.

[16] 吴幕林，陈松．游览参观点门票的定价基础与价格形成机制 [J]. 价格月刊，2003（6）.

[17] 谢茹．关于风景名胜资源产权制度的思考 [J]. 当代财经，2004（10）.

[18] 杨瑞芹，马波，寇敏．公共旅游资源经营权辨析 [J]. 社会科学家，2004（1）.

[19] 邹统钎．旅游景区开发与管理 [M]. 清华大学出版社，2004.

[20] 曹国新．试析我国景区门票持续涨价的“病态成本”因素 [J]. 中国物价，2005（6）.

[21] 郭志球，邓荣幸．关于游览参观点门票价格管理中有关问题的探讨 [J]. 价格理论与实践，2005（11）.

[22] 刘啸．关于旅游景点门票价格确定模式的探讨 [J]. 旅游学刊，2005.

[23] 刘辛田．制定旅游景区门票价格的探讨 [J]. 价格与市场，2005（6）.

[24] 秦杨．国家级风景名胜区门票价格研究 [D]. 大连：东北财经大学，2005.

[25] 史文斌，张金隆．我国旅游景区经营管理对策研究 [J]. 江西社会科学，2005（6）.

[26] 王咏．遗产旅游地管理体制的初步研究 [D]. 芜湖：安徽师范大学，2005.

[27] 王永治，温桂芳．游览参观点门票价格若干问题研究 [J]. 价格理论与实践，2005（11）.

[28] 张晓．世界遗产和国家重点风景名胜区分权化（属地）管理体制的制度缺陷 [J]. 中国园林，2005（7）.

[29] 郑向敏．旅游景区（点）经营权转让亟须科学合理的制度安排

[J]. 旅游学刊, 2005 (3) .

[30] 广东省物价局课题组. 规范游览参观点门票收支管理 (下) [J]. 粤港澳市场与价格, 2006 (6) .

[31] 陈芸, 黄远水. 我国景区门票价格管理初探 [J]. 桂林旅游高等专科学校学报, 2006 (1) .

[32] 韩长发, 牛艳玉, 臧建平, 等. 杭州市创新游览参观景点门票价格管理体制 [J]. 价格月刊, 2006 (1) .

[33] 黄潇婷. 国内旅游景区门票价格研究 [D]. 济南: 山东大学, 2006.

[34] 谢茹. 国家风景名胜区经营权研究 [M]. 北京: 人民出版社, 2006.

[35] 徐升艳, 戴继洲. 从旅游产业的视角剖析景区门票涨价问题 [J]. 广东商学院学报, 2006 (6) .

[36] 余丹. 确定景区门票价格的因素 [J]. 价格月刊, 2006 (4) .

[37] 曹三强, 潘秋玲. 中外旅游景区门票价格的比较研究 [J]. 价格理论与实践, 2007 (1) .

[38] 蒋莎. 旅游管理体制的国际比较及启示 [J]. 鄂州大学学报, 2007 (2) .

[39] 田勇, 孙艳梅. 旅游景区门票价格模型确立研究 [J]. 价格月刊, 2007 (2) .

[40] 魏翔, 邓州. 资源景区门票的最优价格——基于闲暇约束的博弈模型 [J]. 旅游学刊, 2007 (4) .

[41] 杨晓霞, 张文菊. 基于游客角度的我国旅游门票定价探讨 [J]. 中国物价, 2007 (4) .

[42] 张建华, 余建辉. 世界遗产景区门票涨价原因的置疑 [J]. 中国物价, 2007 (7) .

[43] 张雷. 世界遗产地景区门票定价理论研究 [D]. 北京: 第二外国语学院, 2007.

[44] 柏宁, 臧岩. 旅游产品价格形成机制及旅游景区门票价格初探 [J]. 东北财经大学学报, 2008 (1) .

[45] 曹莎. 从管理体制看公共资源类旅游景区门票价格上涨 [D].

武汉：华中师范大学，2008.

[46] 林龙飞，杨斌，刘卿．中国世界遗产地门票价格管理问题研究[J]．广东财经职业学院学报，2008（2）．

[47] 卢润德，刘喜梅，宋瑞敏，等．国内旅游景区门票定价模型研究[J]．旅游学刊，2008（11）．

[48] 庞林．旅游景区门票价格制定中 CVM 和 WTP 技术的运用与探讨[J]．西南民族大学学报（人文社科版），2008（5）．

[49] 孙靳．国内外旅游景区门票价格特征对比分析[J]．科技信息，2008（5）．

[50] 孙诗靓．旅游景区开发与管理：理论·案例·实务[M]．青岛：青岛出版社，2008.

[51] 王华，韩斌，孙云帆，等．风景名胜区门票价格探讨[J]．昆明冶金高等专科学校学报.2008（6）．

[52] 张明新，姚国荣．旅游景区管理模式选择研究——基于景区资源产权关系[J]．资源开发与市场，2008（7）．

[53] 刘树杰．政府收费的理论思考[J]．价格理论与实践.2009（10）．

[54] 许峰，石晓燕．准公共产品视角下旅游景区门票价格研究[J]．山东社会科学，2010（1）．

[55] 严泽民．对完善我国旅游景区门票价格形成机制的探析[J]．价格理论与实践，2010（9）．

[56] 高畅．浅析旅游景区门票定价模型[J]．中国对外贸易，2011（2）．

[57] 王红．中国公共资源依托型旅游景区（点）政府规制的变迁研究[J]．中国人口·资源与环境，2011（1）．

[58] 吴文智，赵磊．我国公共景区门票价格政府规制研究[J]．经济问题探索，2011（12）．

[59] 邹统钎，徐慧君．中国世界遗产地门票价格的特征与影响因素分析[J]．旅游论坛，2011（6）．

[60] 丁萌，李玉辉，范柱国．旅游景区门票价格管理国际经验探索与启示[J]．价格理论与实践，2012（5）．

[61] 耿松涛．我国旅游景区门票经济的转型之困与应对策略［J］．价格理论与实践，2012（7）．

[62] 李宁．准公共产品视角下旅游景区门票合理定价的研究［J］．东南大学学报（哲学社会科学版），2012（1）．

[63] 刘红霞．遗产类景区游客满意度与门票价格容忍度关系研究——基于结构方程模型［J］．湖南农机，2012（11）．

[64] 刘立云，雷宏振，邵鹏．基于系统动力学的我国旅游景区门票定价研究［J］．旅游科学，2012（4）．

[65] 约瑟夫·斯蒂格利茨．公共部门经济学（第三版）［M］．北京：中国人民大学出版社，2012.

[66] 周志．森林公园门票定价影响因素及模型研究［J］．管理现代化，2012（4）．

[67] 洪鹏鹏，洪帅，朱雪松．我国景区门票价格研究综述［J］．旅游论坛，2013（6）．

[68] 胡子龙．我国景区门票价格上涨的原因与对策研究［J］．价格月刊，2013（7）．

[69] 李飞，何建民，李玲．公共资源景区负荷强度对其门票价格的影响——来自国家假日办"黄金周"重点监测景区的证据［J］．旅游学刊，2013（4）．

[70] 刘卫东，胡志毅，陈博，等．我国旅游景区门票价格的政府规制特点与优化措施［J］．价格理论与实践，2013（7）．

[71] 毛彦斌，贾文毓，胡炜霞．完善旅游景区门票价格调控机制的政策建议［J］．价格理论与实践，2013（6）．

[72] 王魁．我国旅游景区门票价格的政府规制研究［D］．开封：河南大学，2013.

[73] 袁昆昆．景区门票定价合理化策略探析——基于门票价格上涨的原因及影响分析［J］．北京第二外国语学院学报，2013（7）．

[74] 邹统钎，金川，王晓梅．中国遗产旅游资源管理体制的历史演变、问题及改革路径研究［J］．资源科学，2013（12）．

[75] 蔡伟，孙萍，孙正尧，等．景区门票机制——扬州瘦西湖与杭州西湖的对比研究［J］．江苏商论，2014（2）．

[76] 傅生生．旅游景区门票价格飙升与监管问题研究［J］．价格月刊，2014（5）．

[77] 郭亚军．旅游景区管理［M］．北京：高等教育出版社，2014.

[78] 刘文彬．我国旅游价格规制失灵与制度创新研究［J］．价格月刊，2014（8）．

[79] 宁志中．旅游景区门票研究［M］．北京：中国城市出版社，2014.

[80] 宋瑞，孙盼盼．资源属性、管理体制、景区级别与门票价格——基于5A级景区的实证研究［J］．中国社会科学院研究生院学报，2014（1）．

[81] 宋子千．利用公共资源建设景区门票定价的经济学分析［J］．价格理论与实践，2014（3）．

[82] 唐承财，范文静，郭彤．北京旅游景区门票定价机制与管理对策探讨［J］．资源开发与市场，2014（7）．

[83] 佚名．中国景点收费始于古代［J］．现代班组，2014（3）．

[84] 殷敏，夏胜林．旅游景区门票定价方格图——相关者利益均衡的路径探索［J］．北京第二外国语学院学报，2014（1）．

[85] 埃莉诺·奥斯特罗姆．公共资源的未来：超越市场失灵与政府管制［M］．北京：中国人民大学出版社，2015.

[86] 高兴佑，高文进．自然资源价格理论与实践［J］．北京：光明日报出版社，2015.

[87] 贺艳，殷丽娜．美国国家公园管理政策［M］．上海：上海远东出版社，2015.

[88] 张丽，顾苗苗，段圣奎．苏州乐园门票价格影响因素及定价模型研究［J］．价格月刊，2015（11）．

[89] 中华人民共和国国家旅游局．2015年中国旅游景区发展报告［M］．北京：中国旅游出版社，2016.

[90] 何珊．我国世界遗产景区门票价格现状、存在问题及对策研究［J］．价格月刊，2016（2）．

[91] 胡立多，徐龙，李薇．完善旅游景区门票价格规制的思考［J］．价格月刊，2016（1）．

[92] 苗银家．景区门票价格的政府规制问题研究——以贵州省公共资源类景区为例［J］．中国集体经济，2016（9）．

[93] 王晓敏．博弈论视角下的旅游景区门票定价研究［D］．重庆师范大学，2012.

[94] 宁志中，杨蕾蕾，杨雪春，等．中国旅游景区门票价格分析报告（2016）［M］．北京：科学出版社，2017.

[95] 朱晓辉，符继红．旅游景区门票价格优化研究——云南案例实证［J］．北京：社会科学文献出版社，2017.

[96] 中国世界遗产［EB/OL］．http：//baike. baidu. com/.

[97] 中国产业调研网［EB/OL］．http：//www. cir. cn.

[98] Bruce K，Natalie S. Recreation User Fees：An Australian Empirical Investigation［J］. Tourism Economics，1995，1（1）．

[99] Bruce K. Recreation Users Fees：An Australian Empirical Investigation［J］. Journal of Sport Management，2003（17）．

附　录

旅游景区收费的文件汇编

国家计委关于印发游览参观点门票价格管理办法的通知

（2000 年 12 月 11 日　计价格〔2000〕2303 号）

各省、自治区、直辖市计委、物价局：

现将修订后的《游览参观点门票价格管理办法》印发给你们，请认真贯彻执行。《国家计委关于印发〈游览参观点门票价格管理办法〉的通知》（计价格〔1999〕48 号）自本通知发布之日起停止执行。

附

游览参观点门票价格管理办法

第一条　为规范游览参观点价格行为，维护正常的价格秩序，促进文化旅游事业健康发展，依据《中华人民共和国价格法》，制定本办法。

第二条　本办法适用于除商业性投资所建景观外的公园、博物馆、文物古迹、自然风景区等游览参观点门票价格。

第三条　各级政府价格主管部门是游览参观点门票价格的主管部门，依法对游览参观点门票价格实施管理。

第四条　国务院价格主管部门负责全国游览参观点门票价格政策的制定，加强对价格总水平调控。省级及省级以下政府价格主管部门负责贯彻落实国家有关游览参观点门票价格的政策，做好本地区游览参观点门票价格管理工作。

第五条　游览参观点门票价格管理，应当坚持既要有利于增加社会效益、环境效益，又要兼顾补偿服务价值的原则，保持价格水平合理稳定，维护正常的价格秩序。

第六条 游览参观点门票价格依其关系社会文化生活和国际国内旅游的重要程度，分别实行政府指导价、政府定价。

政府指导价、政府定价的定价权限和具体适用范围，以地方定价目录为依据。

第七条 游览参观点门票价格的制定，应区别不同情况，实行分类作价，保持合理比价。

（一）对保护性开放的重要文物古迹、大型博物馆、重要的风景名胜区和自然保护区等，门票价格应按照有利于景点保护和适度开放的原则核定。

（二）对与居民日常生活关系密切的城市公园、纪念馆、博物馆和展览馆等，门票价格应按照充分体现公益性的原则核定。

第八条 在国内外享有较高声誉的全国重点文物保护单位、国家级风景名胜区和自然保护区等重要游览参观点门票价格的调整，应实行价格听证会制度。

第九条 制定、调整游览参观点门票价格，应报上一级政府价格主管部门备查。具体实施范围，分别按国务院价格主管部门和省级价格主管部门的规定执行。

第十条 游览参观点门票应实行一票制。

游览参观点内确有必须实行重点保护性开放的特殊参观点，需要单独设置门票的，以及为方便游客，将普通门票和特殊参观点门票或相邻的游览参观点门票合并成联票的，联票价格应当低于各种门票价格相加的总和。

第十一条 季节性较强的游览参观点，可以分别制定淡季、旺季门票价格。

为方便当地城市居民日常休闲、锻炼，游览参观点可以设置月（季、年）度门票。月（季、年）度门票应当体现价格优惠。

对学生、现役军人、老年人、残疾人等及旅游团队可以实行优惠票价。

第十二条 游览参观点内举办临时展览原则免费。对确有观赏价值且投入较大的，游览参观点可以按价格管理权限申报制定临时展览门票价格。

第十三条 政府价格主管部门调整游览参观点门票价格，游览参观点对实行政府指导价的游览参观点门票制定具体价格，遇有重要节假日（指春节、劳动节、国庆节）时，应当提前2个月向社会公布。

第十四条 游览参观点不得区别中外游客、本地外地游客设置两种门票价格；不得在出售门票的同时强制代收保险费及其他任何费用。普通门票、特殊参观点门票、联票及临时展览门票必须一并公示，由游客自愿选择。

第十五条 游览参观点应当严格执行明码标价的规定。游览参观点门票价格应当印制在门票票面的明显位置上，不得用加盖印章形式在票面上标示价格。

第十六条 游览参观点违反本办法规定的，由政府价格主管部门依据《中华人民共和国价格法》及国家有关法律、法规规定予以处罚。

第十七条 政府价格主管部门违反本办法规定的，由上级政府价格主管部门予以纠正，并依据国家有关规定给予通报批评。

第十八条 省、自治区、直辖市政府价格主管部门可以依据本办法制定实施细则。

第十九条 本办法自发布之日起执行。

国家发展改革委关于进一步做好当前游览参观点门票价格管理工作的通知

（发改价格〔2007〕227号）

各省、自治区、直辖市发展改革委、物价局：

近几年，部分游览参观点门票价格（以下简称“门票价格”）大幅度提高，社会各方面反映强烈。为促进旅游业健康发展，规范门票价格管理，实现游览参观点社会效益与经济效益的协调统一，现就进一步做好门票价格管理工作的有关问题通知如下：

一、门票价格应充分体现公益性。列入政府定价、政府指导价的游览参观点，大多具有弘扬民族精神、继承历史文化、提供休闲娱乐等公益性的功能，制定和调整门票价格应充分考虑群众的消费水平，以维持游览参观点日常运转所需经费为主，不能片面强调经济利益，更不能以门票收入补贴游览参观点以外的其他支出。对确需重点保护的游览参观点可限制游客数量。对具有社会公益性的城市公园、博物馆、纪念馆等游览参观点，要结合政府财政拨款情况从低制定门票价格或免费。对以爱国主义教育为目的举行的各种展览，要尽可能免费鼓励公众参观。

二、合理确定门票价格调整期限和调整幅度。对实行政府定价和政府指导价管理的门票价格，因成本支出大幅增加确需调整的，应当在调价前2个月向社会公布。同一门票价格上调频率不得低于3年。门票价格的调整幅度，50元以下的（不含50元），一次提价幅度不得超过原票价的35%；50元（含50元）至100元的（不含100元），一次提价幅度不得超过原票价的30%；100元（含100元）至200元的（不含200元），一次提价幅度不得超过原票价的25%；200元以上的（含200元），一次提价幅度不得超过原票价的15%。以上提价幅度以旺季票价为准。各游览参观点不得通过提高门票价格，大幅度增加职工工资、奖金和福利待遇。

三、原则上实行一票制。对游览参观点内必须实行重点保护性开放的特殊参观点，确需单独设置门票的，应从严审批，不得变相提高门票价格。将普通门票和特殊门票或相邻的门票合并成联票的，联票价格应当低于各种门票价格之和。联票和普通门票应由游客自主选购，不得捆绑向游客强行销售。

四、切实落实门票价格减免政策。实行政府定价、政府指导价管理的游览参观点，对老年人、现役军人、未成年人及学生等应适当优惠，对残疾人、儿童等实行免票。列入爱国主义教育基地的游览参观点，对大中小学学生集体参观实行免票；学生个人参观实行半票。有条件的地区，对公益性城市休闲公园，可逐步实行免票开放。

五、完善门票价格及相关信息报告制度。依据《关于建立游览参观点门票价格及相关信息报告制度的通知》（发改办价格〔2006〕1867号）要求，各省、自治区、直辖市价格主管部门要在每年5月底之前，将上年度本省、自治区、直辖市辖区内主要门票价格及相关信息按要求上报我委（价格司），我委将定期对各地门票价格及相关情况予以通报。对一些地区门票价格过高、社会反响强烈的，我委将依据《价格法》第三十条进行干预或建议地方政府纠正。

六、上述规定自本通知发布之日起执行。此前规定如与本通知规定不符的，以本通知规定为准。

中华人民共和国国家发展和改革委员会

二〇〇七年一月二十九日

关于整顿和规范游览参观点门票价格的通知

（发改价格〔2008〕905号）

各省、自治区、直辖市发展改革委、物价局，财政厅（局），国土资源厅（局），建设厅（局），林业厅（局），旅游局，宗教局，文物局：

近几年，各地加强游览参观点门票价格管理，规范旅游市场秩序，总体情况是好的，但部分地方游览参观点门票价格管理不规范，价格偏高，社会各方面反映强烈。为促进旅游业健康发展，维护消费者合法权益，经国务院批准，现就整顿规范门票价格有关问题通知如下：

一、规范门票价格管理。(1) 对于依托国家自然资源或文化资源投资兴建的游览参观点门票价格，实行政府定价或政府指导价；对于非依托国家自然资源和文化资源、由商业性投资兴建的人造景观门票价格实行市场调节价。(2) 除文物建筑及遗址类博物馆外，全国各级文化、文物部门归口管理的公共博物馆、纪念馆和全国爱国主义教育示范基地，今明两年内全部向社会免费开放。与人民群众关系密切的城市休闲公园要充分体现公益性，实行免费开放。暂不具备免费开放条件的，应实行低票价，并规定实行免费开放的具体时间。(3) 实行政府定价、政府指导价的门票价格调整，要按规定进行听证，广泛听取意见，提高决策透明度。(4) 对游览参观点等级和知名度较高，且游览人数较多的重要游览参观点门票价格，由省级价格主管部门管理，不得层层下放管理权限。(5) 游览参观点要明确对儿童、学生、未成年人、老年人、现役军人、残疾人、宗教人士等的门票价格减免范围和标准。(6) 建立游览参观点免费开放日制度。(7) 游览参观点要在醒目位置公示门票价格、门票价格优惠范围和幅度，以及缆车、观光车、游船等交通运输服务价格和投诉举报电话等信息。

二、全面清理整顿门票价格。自本通知发布之日起，用1年时间，对全国范围内实行政府定价或政府指导价的门票价格进行清理整顿。(1) 重新核定门票价格。风景名胜区、自然保护区、森林公园以及世界自然和文化遗产的门票价格，按补偿游览参观点资源保护和管理费用以及补偿游览区内财产的所有权人、使用权人损失的原则确定。门票价格过高的，要适当降低。（2）游览参观点原则上实行一票制。游览参观点内必须实行重点保护性开放的特殊参观点，确需单独设置园中园门票的，要严格审批。凡设置园中园门票及联票的，要实行公示，由游客自愿选择，联票价格要低于相应各类门票价格之和。游览参观点内缆车、观光车、游船等交通运输服务价格应单独标示，单独销售，不得与门票捆绑销售。（3）限定门票销售优惠率。除价格主管部门统一规定的门票价格减免优惠政策外，游览参观点对旅行社等团购门票实行的价格优惠率最高不得超过门票价格的20%，优惠办法和优惠率要对外公布。对超过最高优惠率销售的，建设、旅游等部门要降低其游览参观点等级，价格主管部门要重新核定其门票价格。（4）纠正越权定价、违反规定调整价格和游览参观点擅自涨价的行为。（5）清理整顿期间，门票价格及游览参观点内缆车、观光车、游船等交通运输服务价格一律不得提高。

三、加强服务价格监管。游览参观点内缆车、观光车、游船等交通运输服务项目，要依照有关规定采取招标等方式公开、公平地确定经营者。要引入竞争机制，提高服务质量，降低服务价格；对不能引入竞争的交通运输服务项目，要实行政府指导价或政府定价管理，并按照有利于保护资源和环境，方便游客，维护消费者和经营者合法权益的原则核定价格。

四、完善经营管理。自本通知发布之日起，对依托国家资源的世界遗产、风景名胜区、自然保护区、森林公园、文物保护单位和景区内宗教活动场所等游览参观点，不得以门票经营权、景点开发经营权打包上市。游览参观点内缆车、观光车、游船等交通运输服务，逐步实行与游览参观点一体化管理，防止部分企业利用国家资源获得不合理收益，损害游客利益。

五、加强组织领导。发展改革（物价）部门要做好门票价格管理工作，遏制门票价格竞相攀比、过快上涨；财政部门要加大对实行免费开放游览参观点的投入，同时加强对风景名胜区、世界文化遗产门票收入“收支两条线”管理，确保按规定用途使用；国土资源、建设、林业、旅游、宗教和文物等部门要加强对游览参观点等级的认定和监管；旅游部门要加强对旅行社经营行为的监管；宗教事务部门要规范宗教人士的资格管理。

以上各项落实情况，请各地于2009年4月底前书面报告国务院有关部门。

国家发展改革委
财　　政　　部
国 土 资 源 部
住房和城乡建设部
国 家 林 业 局
国 家 旅 游 局
国家宗教事务局
国 家 文 物 局
二〇〇八年四月九日

国家发展改革委关于完善国有景区门票价格形成机制　降低重点国有景区门票价格的指导意见

（发改价格〔2018〕951 号）

各省、自治区、直辖市发展改革委、物价局：

为贯彻落实中央经济工作会议和《政府工作报告》精神，促进旅游业高质量发展，现就完善国有景区门票价格形成机制、降低重点国有景区门票价格提出如下意见。

一、重要意义

完善国有景区门票价格形成机制、降低重点国有景区门票价格，是加快发展全域旅游，推动景区及旅游业实现持续健康发展的重要举措。近年来，各级政府有关部门加强景区门票价格监管，对遏制门票价格过快上涨发挥了一定作用，但门票价格管理和定价机制中的深层次矛盾问题依然存在。一些地方过分依赖门票经济，门票价格“额外负担”过重问题突出；现行价格机制对不合理定价行为有效约束不够，定价科学性、规范性亟待提高，导致部分重点国有景区门票价格水平被不断推高，一定程度上抑制了旅游消费增长，不利于发展全域旅游和旅游业转型升级。

风景名胜区、自然保护区、文物保护单位、国家公园等公共资源为全民共有，是弘扬传统文化、加强爱国主义教育、保护生态环境的重要载体，依托这些资源建设的国有景区具有较强的公益属性。完善国有景区门票价格形成机制、降低重点国有景区门票价格，有利于理顺国有景区功能定位，加快构建充分体现社会效益、社会效益和经济效益相统一的国有景区运营管理体制机制；有利于优化旅游环境，积极解决人民群众关心的问题，充分释放旅游消费需求，更好满足人民美好生活需要；有利于推进旅游业供给侧结构性改革和高质量发展，推动旅游业加快由门票经济向产业经济、小众旅游向大众旅游、景点旅游向全域旅游转型升级，形成旅游业供给结构优化和总需求稳步扩大的良性循环。

二、基本原则和主要目标

（一）基本原则

坚持公益导向。坚定不移贯彻以人民为中心的发展思想，秉持旅游为民、旅游惠民理念，以逐步实现公共资源全民共享、景区服务费用游客合理分担为门票价格改革取向，将游客付费范围限定在所享受的景区服务，充分体现公共资源建设的国有景区公益属性，促进大众旅游消费，增强人民群众获得感、幸福感。

坚持科学定价。加强国有景区门票定价制度建设，以规范成本构成为核心，建立主要补偿景区服务和生态环境保护合理成本并适当反映景区价值的价格形成机制，推动政府和景区价格行为科学化、规范化。

坚持有序推进。综合考虑各地区经济社会发展水平及景区规模等级差异，区分景区不同经营管理模式，因地制宜，分类施策，分批推进，加快清理门票价格中的不合理负担，逐步创造条件推动国有景区门票价格回归合理区间。

坚持公开透明。推行国有景区门票价格管理程序公开、决策公开、结果公开、执行公开及景区收支情况公开，接受社会监督。

（二）主要目标

2018 年，在推进完善国有景区门票价格形成机制同时，降低重点国有景区门票价格任务取得明显成效。到 2020 年，以景区合理运营成本为基础，科学、规范、透明的国有景区门票价格形成机制基本健全，对促进景区持续健康发展、推动旅游业高质量发展的作用明显增强。

三、完善国有景区门票价格形成机制

对利用公共资源建设的国有景区，以补偿合理运营成本、保持收支总体平衡为改革方向，完善门票价格形成机制，明确定价成本构成、规范定价程序、加强收支监管，提高定价科学性、监管有效性。

（一）合理界定成本构成。实行政府定价管理的景区，门票定价成本应严格限定在景区游览区域范围内维持景区正常运营所需的合理支出，主要包括：（1）自然、文化遗产等资源保护支出；（2）为游客提供基本游览服务所发生的设施运行维护、人员薪酬、财务费用等方面的成本支出；（3）为游客提供基本游览服务所需的固定资产折旧。景区支出中依法应由各级政府承担部分，以及与景区正常运营无关的支出，不得计入景区门票定价成本；各级政府提供的补贴和已通过单独收费补偿部分，以及景区特许经营收入，应冲减景区门票定价成本。

（二）创新价格管理方式。各地区可根据景区实际情况，对其门票价格实行政府定价或政府指导价。季节性较强的景区，可分别制定淡季、旺季门票价格，引导客流均衡分布，淡旺季票价应保持合理比价关系。对实行政府指导价的景区，可以采取价格上限管理方式，允许景区经营管理者在不超过政府规定上限价格的范围内，根据旅游市场供求状况自主确定具体价格水平。景区在政府指导价范围内调整具体价格水平、淡旺季票价执行时间等，应当提前 3 个月向社会公布，并抄报价格主管部门。

（三）严格履行政府定价程序。制定实行政府定价管理的景区门票价格，应当严格按照《政府制定价格行为规则》（国家发展和改革委员会令第 7 号）等规定，履行定价成本监审或成本调查、听取社会意见、合法性审查、集体审议、作出价格决定并及时向社会公告等程序。对以外地游客为主的景区，可通过网络公开征求意见或创新价格听证方式，广泛听取意见建议。景区经营管理者拒绝提供成本监审或成本调查所需资料，或者提供虚假资料、不完整提供资料的，定价机关可以中止成本监审或成本调查、按照从低原则核定成本。降低景区门票价格可按有关规定采取简易程序。景区实行免费开放的，应及时向社会公告，不需履行其他定价程序。

（四）建立定期评估调整机制。门票价格制定后，价格主管部门应当对门票价格执行情况进行跟踪调查和监测，每 3 年进行一次评估，重点评估景区游客数量变化、运营成本变动、收支节余等情况，以及社会各方面对门票价格的意见，根据评估结果及时调整门票价格。鼓励引入第三方机构开展评估。

（五）加强景区收支监管。加强景区门票收入及其他各类收入、支出监管，保证景区收入主要用于景区运营所需合理支出。鼓励有条件的地方探索建立国有景区运营状况、收支信息公开制度，主动向社会披露相关信息，提高价格相关信息透明度。

（六）规范景区价格行为。所有景区应严格落实明码标价规定，在其网站、收费场所等醒目位置公示门票价格及游览服务内容（含优惠门票价格及优惠对象、优惠条件等），以及单独收费的相关服务等价格；设有通票、联票的景区，其通票、联票价格及游览服务内容也应一并公示，通票、联票价格应低于各单项门票价格之和，不得强制购买通票、联票，保障游客知情权、选择权。不得区别本地外地游客设置两种门票价格。除法律法规明确规定外，各地区、各景区不得将各种门票、游览服务、保险等捆绑销售，不得价外加价或强制代收其他任何费用。

（七）加强景区门票价格监管。各地区有关部门要持续加强对景区门票及游览服务价格的监管，及时依法查处景区不按规定明码标价、不执行优惠政策、擅自涨价、通过捆绑销售变相涨价等违法违规行为。各级价格主管部门应会同有关部门，建立健全景区价格失信惩戒机制，将景区不执行国家价格政策，有令不行、有禁不止，以及通过大额回扣争抢客源等扰乱景区价格秩序行为，作为景区及其主要负责人不良信用记录纳入全国信用信息共享平台，实施失信联合惩戒。

四、降低重点国有景区门票价格

各地区要按照本指导意见关于完善价格形成机制的原则要求，以认真开展定价成本监审或成本调查、纠正违规不合理收支行为为抓手，确保2018年降低重点国有景区门票价格工作取得实效。

（一）突出重点。各地区要以利用国家级风景名胜区、国家级自然保护区、全国重点文物保护单位、国家公园等公共资源建设，旅游景区质量等级评定为5A级，且现行价格水平较高的国有景区为重点，科学制定方案，切实降低偏高门票价格，并积极推动4A级及以下国有景区降价。对社会反映集中、“高定价大折扣”等问题突出的景区，要进一步加大降价力度。

（二）抓住关键。各地区应重点围绕当前景区门票价格管理中存在的突出问题，认真开展定价成本监审或成本调查，加大景区正常运营所需以外不合理支出的清理力度，相应降低门票价格。重点清理规范地方政府有关部门在全国政府性基金目录清单、中央及地方行政事业性收费目录清单之外，违规向景区或通过景区门票向游客收取的政府性基金、行政事业性收费；地方政府有关部门或其授权管理单位在法律法规明确规定以外，以各种形式、名义参与景区门票收入或经营利润分成，将景区门票收入用于景区以外设施建设运行维护，或将景区门票收入用于补充地方财政收入等。

（三）分批推进。各地区要尽早制定降低重点国有景区门票价格的工作方案，明确具体目标、重点任务、时间节点，成熟一批、实施一批。对于受客观条件限制，降价难以一步到位的景区，以及短期内拟先走一步实施降价的景区，要提出分步到位的方案并严格落实。各地区应确保于今年9月底前降低偏高的重点国有景区门票价格取得明显成效，鼓励各地区根据实际情况，加快工作进度。各省（区、市）价格主管部门要认真总结降价工作取得的成效和问题，形成书面材料，于2018年11月底前报送国家发展改革委。

五、保障措施

（一）提高认识、压实责任。地方政府对降低重点国有景区门票价格承担主体责任。各省（区、市）价格主管部门应当会同有关部门，在当地党委、政府统一领导下组织实施完善价格形成机制、降低重点国有景区门票价格工作。各地区有关部门要进一步提高认识、统一思想，增强责任感和主动性。部门主要负责同志是第一责任人，要亲自抓，分管负责同志要全力抓，层层抓落实，确保按时按质完成。

（二）加强协作、务求实效。各地区要建立降低重点国有景区门票价格工作协作机制，及时研究解决存在的问题。要认真开展定价成本监审或成本调查，科学测算制定降价方案。要进一步加强旅游市场秩序整治，持续做好价格监督检查。各有关部门要加强政策联动，优化政策组合，确保平稳实施。各地区不得避重就轻、流于形式、敷衍搪塞；不得明降暗升，在降低门票价格同时，提高景区内交通运输等其他游览服务价格，变相增加游客负担。

（三）强化督导、狠抓落实。各地区要建立健全定期调度督导制度，加强督察问效，及时评估工作进展情况，查找不足，改进工作，确保不折不扣完成预期目标。充分发挥典型引导和社会监督作用，推广先进经验做法；对工作进展滞后的，要及时督导，限时推进，加快落实。国家发展改革委将会同相关部门全程跟踪各地区降低重点国有景区门票价格工作进展情况，定期通报。对有令不行、进展迟缓的地区，组织专项督查。

（四）加强宣传、回应关切。各地区、各有关部门要加强政策宣传解读，重点宣传完善景区门票价格机制、降低重点国有景区门票价格对拉动旅游消费、推动全域旅游发展、促进旅游业高质量发展的重要意义，以及取得的成效和典型经验，及时回应社会关切，为开展工作营造良好舆论环境。

国家发展改革委

二〇一八年六月二十八日

建立国家公园体制总体方案

（中共中央办公厅　国务院办公厅　2017年9月印发）

国家公园是指由国家批准设立并主导管理，边界清晰，以保护具有国家代表性的大面积自然生态系统为主要目的，实现自然资源科学保护和合理利用的特定陆地或海洋区域。建立国家公园体制是党的十八届三中全会提出的重点改革任务，是我国生态文明制度建设的重要内容，对于推进自然资源科学保护和合理利用，促进人与自然和谐共生，推进美丽中国建设，具有极其重要的意义。为加快构建国家公园体制，在总结试点经验基础上，借鉴国际有益做法，立足我国国情，制定本方案。

一、总体要求

（一）指导思想。全面贯彻党的十八大和十八届三中、四中、五中、六中全会精神，深入贯彻习近平总书记系列重要讲话精神和治国理政新理念新思想新战略，认真落实党中央、国务院决策部署，紧紧围绕统筹推进"五位一体"总体布局和协调推进"四个全面"战略布局，牢固树立和贯彻落实新发展理念，坚持以人民为中心的发展思想，加快推进生态文明建设和生态文明体制改革，坚定不移实施主体功能区战略和制度，严守生态保护红线，以加强自然生态系统原真性、完整性保护为基础，以实现国家所有、全民共享、世代传承为目标，理顺管理体制，创新运营机制，健全法治保障，强化监督管理，构建统一规范高效的中国特色国家公园体制，建立分类科学、保护有力的自然保护地体系。

（二）基本原则

——科学定位、整体保护。坚持将山水林田湖草作为一个生命共同体，统筹考虑保护与利用，对相关自然保护地进行功能重组，合理确定国家公园的范围。按照自然生态系统整体性、系统性及其内在规律，对国家公园实行整体保护、系统修复、综合治理。

——合理布局、稳步推进。立足我国生态保护现实需求和发展阶段，科学确定国家公园空间布局。将创新体制和完善机制放在优先位置，做好体制机制改革过程中的衔接，成熟一个设立一个，有步骤、分阶段推进国家公园建设。

——国家主导、共同参与。国家公园由国家确立并主导管理。建立健全政府、企业、社会组织和公众共同参与国家公园保护管理的长效机制，探索社会力量参与自然资源管理和生态保护的新模式。加大财政支持力度，广泛引导社会资金多渠道投入。

（三）主要目标。建成统一规范高效的中国特色国家公园体制，交叉重叠、多头管理的碎片化问题得到有效解决，国家重要自然生态系统原真性、完整性得到有效保护，形成自然生态系统保护的新体制新模式，促进生态环境治理体系和治理能力现代化，保障国家生态安全，实现人与自然和谐共生。

到 2020 年，建立国家公园体制试点基本完成，整合设立一批国家公园，分级统一的管理体制基本建立，国家公园总体布局初步形成。到 2030 年，国家公园体制更加健全，分级统一的管理体制更加完善，保护管理效能明显提高。

二、科学界定国家公园内涵

（四）树立正确国家公园理念。坚持生态保护第一。建立国家公园的目的是保护自然生态系统的原真性、完整性，始终突出自然生态系统的严格保护、整体保护、系统保护，把最应该保护的地方保护起来。国家公园坚持世代传承，给子孙后代留下珍贵的自然遗产。坚持国家代表性。国家公园既具有极其重要的自然生态系统，又拥有独特的自然景观和丰富的科学内涵，国民认同度高。国家公园以国家利益为主导，坚持国家所有，具有国家象征，代表国家形象，彰显中华文明。坚持全民公益性。国家公园坚持全民共享，着眼于提升生态系统服务功能，开展自然环境教育，为公众提供亲近自然、体验自然、了解自然以及作为国民福利的游憩机会。鼓励公众参与，调动全民积极性，激发自然保护意识，增强民族自豪感。

（五）明确国家公园定位。国家公园是我国自然保护地最重要类型之一，属于全国主体功能区规划中的禁止开发区域，纳入全国生态保护红线区域管控范围，实行最严格的保护。国家公园的首要功能是重要自然生态系统的原真性、完整性保护，同时兼具科研、教育、游憩等综合功能。

（六）确定国家公园空间布局。制定国家公园设立标准，根据自然生态系统代表性、面积适宜性和管理可行性，明确国家公园准入条件，确保自然生态系统和自然遗产具有国家代表性、典型性，确保面积可以维持生态系统结构、过程、功能的完整性，确保全民所有的自然资源资产占主体地位，管理上具有可行性。研究提出国家公园空间布局，明确国家公园建设数量、规模。统筹考虑自然生态系统的完整性和周边经济社会发展的需要，合理划定单个国家公园范围。国家公园建立后，在相关区域内一律不再保留或设立其他自然保护地类型。

（七）优化完善自然保护地体系。改革分头设置自然保护区、风景名胜区、文化自然遗产、地质公园、森林公园等的体制，对我国现行自然保护地保护管理效能进行评估，逐步改革按照资源类型分类设置自然保护地体系，研究科学的分类标准，理清各类自然保护地关系，构建以国家公园为代表的自然保护地体系。进一步研究自然保护区、风景名胜区等自然保护地功能定位。

三、建立统一事权、分级管理体制

（八）建立统一管理机构。整合相关自然保护地管理职能，结合生态环境保护管理体制、自然资源资产管理体制、自然资源监管体制改革，由一个部门统一行使国家公园自然保护地管理职责。

国家公园设立后整合组建统一的管理机构，履行国家公园范围内的生态保护、自然资源资产管理、特许经营管理、社会参与管理、宣传推介等职责，负责协调与当地政府及周边社区关系。可根据实际需要，授权国家公园管理机构履行国家公园范围内必要的资源环境综合执法职责。

（九）分级行使所有权。统筹考虑生态系统功能重要程度、生态系统效应外溢性、是否跨省级行政区和管理效率等因素，国家公园内全民所有自然资源资产所有权由中央政府和省级政府分级行使。其中，部分国家公园的全民所有自然资源资产所有权由中央政府直接行使，其他的委托省级政府代理行使。条件成熟时，逐步过渡到国家公园内全民所有自然资源资产所有权由中央政府直接行使。

按照自然资源统一确权登记办法，国家公园可作为独立自然资源登记单元，依法对区域内水流、森林、山岭、草原、荒地、滩涂等所有自然生态空间统一进行确权登记。划清全民所有和集体所有之间的边界，划清不同集体所有者的边界，实现归属清晰、权责明确。

（十）构建协同管理机制。合理划分中央和地方事权，构建主体明确、责任清晰、相互配合的国家公园中央和地方协同管理机制。中央政府直接行使全民所有自然资源资产所有权的，地方政府根据需要配合国家公园管理机构做好生态保护工作。省级政府代理行使全民所有自然资源资产所有权的，中央政府要履行应有事权，加大指导和支持力度。国家公园所在地方政府行使辖区（包括国家公园）经济社会发展综合协调、公共服务、社会管理、市场监管等职责。

（十一）建立健全监管机制。相关部门依法对国家公园进行指导和管理。健全国家公园监管制度，加强国家公园空间用途管制，强化对国家公园生态保护等工作情况的监管。完善监测指标体系和技术体系，定期对国家公园开展监测。构建国家公园自然资源基础数据库及统计分析平台。加强对国家公园生态系统状况、环境质量变化、生态文明制度执行情况等方面的评价，建立第三方评估制度，对国家公园建设和管理进行科学评估。建立健全社会监督机制，建立举报制度和权益保障机制，保障社会公众的知情权、监督权，接受各种形式的监督。

四、建立资金保障制度

（十二）建立财政投入为主的多元化资金保障机制。立足国家公园的公益属性，确定中央与地方事权划分，保障国家公园的保护、运行和管理。中央政府直接行使全民所有自然资源资产所有权的国家公园支出由中央政府出资保障。委托省级政府代理行使全民所有自然资源资产所有权的国家公园支出由中央和省级政府根据事权划分分别出资保障。加大政府投入力度，推动国家公园回归公益属性。在确保国家公园生态保护和公益属性的前提下，探索多渠道多元化的投融资模式。

（十三）构建高效的资金使用管理机制。国家公园实行收支两条线管理，各项收入上缴财政，各项支出由财政统筹安排，并负责统一接受企业、非政府组织、个人等社会捐赠资金，进行有效管理。建立财务公开制度，确保国家公园各类资金使用公开透明。

五、完善自然生态系统保护制度

（十四）健全严格保护管理制度。加强自然生态系统原真性、完整性保护，做好自然资源本底情况调查和生态系统监测，统筹制定各类资源的保护管理目标，着力维持生态服务功能，提高生态产品供给能力。生态系统修复坚持以自然恢复为主，生物措施和其他措施相结合。严格规划建设管控，除不损害生态系统的原住民生产生活设施改造和自然观光、科研、教育、旅游外，禁止其他开发建设活动。国家公园区域内不符合保护和规划要求的各类设施、工矿企业等逐步搬离，建立已设矿业权逐步退出机制。

（十五）实施差别化保护管理方式。编制国家公园总体规划及专项规划，合理确定国家公园空间布局，明确发展目标和任务，做好与相关规划的衔接。按照自然资源特征和管理目标，合理划定功能分区，实行差别化保护管理。重点保护区域内居民要逐步实施生态移民搬迁，集体土地在充分征求其所有权人、承包权人意见基础上，优先通过租赁、置换等方式规范流转，由国家公园管理机构统一管理。其他区域内居民根据实际情况，实施生态移民搬迁或实行相对集中居住，集体土地可通过合作协议等方式实现统一有效管理。探索协议保护等多元化保护模式。

（十六）完善责任追究制度。强化国家公园管理机构的自然生态系统保护主体责任，明确当地政府和相关部门的相应责任。严厉打击违法违规开发矿产资源或其他项目、偷排偷放污染物、偷捕盗猎野生动物等各类环境违法犯罪行为。严格落实考核问责制度，建立国家公园管理机构自然生态系统保护成效考核评估制度，全面实行环境保护“党政同责、一岗双责”，对领导干部实行自然资源资产离任审计和生态环境损害责任追究制。对违背国家公园保护管理要求、造成生态系统和资源环境严重破坏的要记录在案，依法依规严肃问责、终身追责。

六、构建社区协调发展制度

（十七）建立社区共管机制。根据国家公园功能定位，明确国家公园区域内居民的生产生活边界，相关配套设施建设要符合国家公园总体规划和管理要求，并征得国家公园管理机构同意。周边社区建设要与国家公园整体保护目标相协调，鼓励通过签订合作保护协议等方式，共同保护国家公园周边自然资源。引导当地政府在国家公园周边合理规划建设入口社区和特色小镇。

（十八）健全生态保护补偿制度。建立健全森林、草原、湿地、荒漠、海洋、水流、耕地等领域生态保护补偿机制，加大重点生态功能区转移支付力度，健全国家公园生态保护补偿政策。鼓励受益地区与国家公园所在地区通过资金补偿等方式建立横向补偿关系。加强生态保护补偿效益评估，完善生态保护成效与资金分配挂钩的激励约束机制，加强对生态保护补偿资金使用的监督管理。鼓励设立生态管护公益岗位，吸收当地居民参与国家公园保护管理和自然环境教育等。

（十九）完善社会参与机制。在国家公园设立、建设、运行、管理、监督等各环节，以及生态保护、自然教育、科学研究等各领域，引导当地居民、专家学者、企业、社会组织等积极参与。鼓励当地居民或其举办的企业参与国家公园内特许经营项目。建立健全志愿服务机制和社会监督机制。依托高等学校和企事业单位等建立一批国家公园人才教育培训基地。

七、实施保障

（二十）加强组织领导。中央全面深化改革领导小组经济体制和生态文明体制改革专项小组要加强指导，各地区各有关部门要认真学习领会党中央、国务院关于生态文明体制改革的精神，深刻认识建立国家公园体制的重要意义，把思想认识和行动统一到党中央、国务院重要决策部署上来，切实加强组织领导，明确责任主体，细化任务分工，密切协调配合，形成改革合力。

（二十一）完善法律法规。在明确国家公园与其他类型自然保护地关系的基础上，研究制定有关国家公园的法律法规，明确国家公园功能定位、保护目标、管理原则，确定国家公园管理主体，合理划定中央与地方职责，研究制定国家公园特许经营等配套法规，做好现行法律法规的衔接修订工作。制定国家公园总体规划、功能分区、基础设施建设、社区协调、生态保护补偿、访客管理等相关标准规范和自然资源调查评估、巡护管理、生物多样性监测等技术规程。

（二十二）加强舆论引导。正确解读建立国家公园体制的内涵和改革方向，合理引导社会预期，及时回应社会关切，推动形成社会共识。准确把握建立国家公园体制的核心要义，进一步突出体制机制创新。加大宣传力度，提升宣传效果。培养国家公园文化，传播国家公园理念，彰显国家公园价值。

（二十三）强化督促落实。综合考虑试点推进情况，适当延长建立国家公园体制试点时间。本方案出台后，试点省市要按照本方案和已经批复的试点方案要求，继续探索创新，扎实抓好试点任务落实工作，认真梳理总结有效模式，提炼成功经验。国家公园设立标准和相关程序明确后，由国家公园主管部门组织对试点情况进行评估，研究正式设立国家公园，按程序报批。各地区各部门不得自行设立或批复设立国家公园。适时对自行设立的各类国家公园进行清理。各有关部门要对本方案落实情况进行跟踪分析和督促检查，及时解决实施中遇到的问题，重大问题要及时向党中央、国务院请示报告。